Liebe Eltern,

mit dieser Lernhilfe kann Ihr Kind die Aufsatzarten, die in der 3. Klasse verlangt werden, **üben** bzw. **vertiefen**: Es handelt sich dabei um **Erlebnistexte** (z.B. *Erlebniserzählung*, *Bildergeschichte*, *Reizwortgeschichte*, *Fantasieerzählung*, *Fortsetzungsgeschichte*) und **Sachtexte** (z.B. die *Beschreibung*). In ein eigenes **Geschichtenheft** schreiben die Kinder ihre Texte. Bitte lesen auch Sie diese Texte und helfen Sie gelegentlich, da Neunjährige erst lernen müssen, eine Lernhilfe allein durchzuarbeiten. Zu den einzelnen Kapiteln gibt es **Merksätze**, dazwischen Konzentrationsübungen und Aufgaben zur Entspannung. In der **Mitte** des Übungsprogramms befindet sich der **herausnehmbare Lösungsteil**.

Hallo, liebe Schülerin, lieber Schüler,

diese Lernhilfe wiegt nicht mehr als 150 Gramm. Wenn du sie benützen willst, brauchst du keinen elektrischen Strom und keinen Monitor.
Sie ist spielend leicht mitzunehmen, und du kannst damit im Wald ebenso lernen wie im Flugzeug. Außerdem kannst du das kleine Buch leicht durchblättern, und das Stichwortverzeichnis führt dich so schnell wie ein Mausklick zur gewünschten Stelle. Das Buch ist eben – wie der Computer – eine der genialsten Erfindungen aller Zeiten.
Mit diesem Übungsprogramm kannst du lernen, bessere Geschichten und Sachtexte zu schreiben. Die Farbe der Übungsaufgaben zeigt dir jeweils den **Schwierigkeitsgrad** an:
leicht – **mittel** – **schwierig**.
Zeichnungen, die in Schwarz-Weiß gehalten sind, kannst du ausmalen.
Ich hoffe, die Arbeit macht dir Spaß.
Das wünschen dir auch deine beiden Begleiter **Lukas** und **Lisa**.

Noch etwas. Wenn du weitere Anregungen für deine Arbeit erhalten möchtest oder Kritik an dieser Lernhilfe äußern willst, dann sieh im Internet unter www.gerhard-widmann.de nach.

Und nun viel Erfolg bei der Arbeit.

Gerhard Widmann

Was man alles schreiben kann

Schreiben ist **wichtig** und oft **schön**.

(**Bedeutet**: Hier musst du eine Aufgabe **schriftlich** l ö s e n.)

1 Es folgen nun Beispiele, **was** man alles schreiben kann.
Einiges ist **wichtig** (Kästchen blau ausmalen), einiges könnte sogar **Spaß machen** (Kästchen rot ausmalen).

- ☐ Eine Suchanzeige aufschreiben, weil die Katze nicht mehr nach Hause kommt.
- ☐ In ein Tagebuch schreiben.
- ☐ Während des Unterrichts einem Mädchen (Jungen) ein Briefchen schreiben.
- ☐ Den abwesenden Eltern einen Zettel schreiben, auf dem steht, dass man sich mit Freunden trifft.
- ☐ Einem lieben Menschen einen Brief schreiben.
- ☐ Mama, die wieder einmal sehr lange telefoniert, einen Zettel mit einer wichtigen Mitteilung zuschieben.
- ☐ Den abwesenden Eltern aufschreiben, wer angerufen hat.
- ☐ Eine Einladung zum Geburtstag schreiben.
- ☐ Sich ein Gedicht ausdenken.

Lösung siehe **1** im **Lösungsteil** nach Seite 38.

Auch für die Schule muss man vieles aufschreiben, muss man etwas *erzählen* oder *beschreiben*. Wer das nicht so gut kann, dem macht das keinen Spaß. Vielleicht geht es auch dir so, und deshalb will dir dieses Lernprogramm helfen, bessere Texte zu schreiben.

Willst du dich verbessern?
Dann solltest du zuerst einmal ein **Geschichtenheft** anlegen. Da kommen viele Texte hinein.

Besorge dir ein Heft, binde es mit Geschenkpapier ein oder bemale es.

Aus dem Geschichtenheft kannst du deinen Eltern, Großeltern, Geschwistern oder Freunden vorlesen. Es ist aber auch für dich gedacht. Es zeigt dir deine Fortschritte, und wenn du mal älter bist, kannst du darin lesen.

Wenn du dein Geschichtenheft vorbereitet hast, kannst du mit der Arbeit beginnen. Viel Erfolg!

Geschichten erzählen

Jetzt sollst du lernen, wie man Geschichten **gut** erzählt.

(**Bedeutet**: L i e s oder d e n k e n a c h !)
L i e s erst einmal die folgende Geschichte.

Schimpfeln

Sofie steht mitten auf dem Schulhof.
Die Kinder rennen um sie herum.
Sofie ist ganz rot im Gesicht.
Sie hat eine riesige Wut.
Katja und Olli wollen nicht mit ihr spielen.
„Ihr blöden Hornochsen!“, schreit sie.
Sie schreit es ein paar Mal hintereinander.
Frau Heinrich kommt auf sie zu.
Sofie ist es egal. Ihre Wut ist wichtiger als Frau Heinrich.
„Das ist hässlich.“
„Aber die lassen mich nicht mitspielen“, schreit Sofie.
„Dann musst du mit ihnen reden.“
„Das tu ich doch“, sagt Sofie.
„Nein, du brüllst und schimpfst.“
Sofie blinzelt Frau Heinrich nachdenklich an. Auf einmal sagt sie ganz leise:
„Die blöden Hornochsen! Die blöden Hornochsen!“
Frau Heinrich schüttelt den Kopf.
„Dadurch wird es auch nicht besser. Du fluchst noch immer.“
Sofie schüttelt den Kopf. „Nein, das ist geflüchelt. Weil es leise ist.“
Frau Heinrich lacht. „Immer hast du Ausreden.“
Katja und Olli kommen angerannt. Sie pusten und sind ganz außer Atem.
„Da sind die beiden ja. Jetzt musst du nicht mehr schimpfen“, sagt Frau Heinrich.
„Aber vielleicht schimpfeln“, sagt Sofie.
Ganz schnell hält Frau Heinrich Sofie den Mund zu.

Peter Härtling

Ich denke, die Geschichte hat dir gefallen.

Was meinst du?

✎ **2** Welche der folgenden Sätze sind **richtig**?
Kreuze sie an!

- ☐ Sofie muss immer allein spielen.
- ☐ Sofie macht ihrem Ärger mit Schimpfwörtern Luft.
- ☐ Wenn Sofie leise *flucht*, nennt sie es *flücheln*.
- ☐ Sofie kann Katja und Olli nicht leiden.
- ☐ Sofie ist zu Frau Heinrich frech.
- ☐ Sofie schimpft auf Katja und Olli.
- ☐ *Schimpfeln* bedeutet leise *fluchen*.

Lösung siehe **2** im **Lösungsteil** nach Seite 38.

Der kleine Drache sagt dir, dass du für **heute aufhören** kannst. Du kannst dich entspannen, vielleicht irgendein **nicht farbiges** Bild in dieser Lernhilfe **ausmalen**. Manche Zeichnungen warten nämlich auf deinen Buntstift.

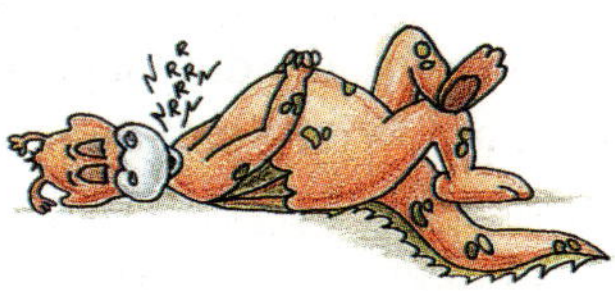

Aller Anfang ist leicht: eine Bildergeschichte

Bei einer Bildergeschichte kommt es darauf an, dass du die Bilder genau anschaust. Deshalb wirst du zuerst eine Aufgabe machen, bei der du lernst, **genau** hinzusehen.

Sieh dir diese Figur **drei Minuten** (Stoppuhr!) lang an.
Präge sie dir so ein, dass du sie hinterher zeichnen kannst.
Ehe die drei Minuten um sind, kannst du schon einmal die Augen schließen und „nachsehen“, ob die Figur bereits in deinem Kopf ist.

Nun aber zur Bildergeschichte.

Wer von einer Amsel, die aus dem Nest gefallen ist, erzählen will, sollte einmal ein Amseljunges auf der Straße oder auf der Wiese gefunden haben.
Und wer eine **Gespenstergeschichte** erzählen möchte, der muss schon einmal große Angst vor Gespenstern gehabt haben oder wenigstens an Gespenster glauben.
Bei einer **Bildergeschichte** ist alles leichter, denn das Erlebnis ist ja schon in den Bildern enthalten. Trotzdem: Auch hier musst du dich in die Geschichte hineinfühlen und versuchen, alles zu verstehen.

Sieh dir die Geschichte auf der nächsten Seite erst einmal an. Viel Spaß dabei!

Hat dir die Geschichte gefallen?

Was kann man aus der Geschichte lernen?

Beantworte zuerst einige Fragen. Dann fällt es dir leichter, die Gespenstergeschichte gut zu erzählen.

✎ **3** Auf welchem Bild sieht man, dass der Junge (er heißt *Niklas*) aufgewacht ist?
S c h r e i b e die **Nummer** des Bildes a u f !

Lösung **3** im Lösungsteil nach Seite 38.

4

✎ **4** Was könnte Niklas hier zu seinem Vater sagen?

Lösung **4**

5

✎ **5** Was macht Niklas jetzt?

Lösung **5**

7

6 Was wird Niklas **nach** diesem Bild tun?

Lösung 6

Nun eine Aufgabe, die Spaß macht: Z e i c h n e das letzte Bild!

---

7 S c h r e i b e jetzt die Bildergeschichte in dein **Geschichten-heft**.

So kannst du anfangen:

Es ist kurz vor Mitternacht. Friedlich schläft Niklas in seinem Bett. Alles ist still, nur der Mond und die Sterne sehen zum Fenster herein. Doch was ist das? Hui! Hui!
Niklas ...

D e n k e dir nun eine Überschrift a u s !

8 Wenn dir nichts einfällt, dann w ä h l e eine passende unter diesen a u s :

Vater geht spät zu Bett – Ein echtes und ein falsches Gespenst – Eine Überraschung – Vater glaubt nicht an Gespenster – Wie Niklas Vater einen Schrecken einjagt – Der Mond scheint hell

Jetzt kannst du zur Entspannung dieses Mandala ausmalen.

Ein kleines Experiment

Interessierst du dich für Gespenster? Wenn du mehr über Gespenster wissen willst, dann beachte bitte genau die folgenden Anweisungen!

Vorbereitungen (wenn möglich!)

- allein in ein Zimmer einschließen
- Fenster verdunkeln
- schwache Lampe aufstellen
- Stift bereitlegen, mit dem du auf eine schwarze Fläche malen kannst

Beachte jetzt genau die folgenden Anweisungen!

1. Richte deinen Blick fest auf diese schwarze Fläche. Wenn du nach einer Minute noch nichts bemerkt hast, lies **Anweisung 2**!

2. Du hast also kein Gespenst gesehen. Es hätte auf der schwarzen Fläche erscheinen müssen. Schließe jetzt deine Augen. Oft erscheinen die Gespenster nämlich nicht direkt auf der schwarzen Fläche, sondern erst im Kopf, in der Vorstellung. Sobald du ein Gespenst in deinem Gehirn siehst, lies **Anweisung 3**!

3. Zeichne jetzt das Gespenst, das du gesehen hast, einfach mit deinem Stift in die schwarze Fläche.
Damit hast du das Gespenst gefangen.
Schade, dass ich dein Gespenst jetzt nicht sehen kann.

Gespenstergeschichten: Treffende Ausdrücke sind wichtig

Joschi hat ein fantastisches Gespenst gesichtet. Er hat gleich hinterher alles aufgeschrieben, was ihm noch eingefallen ist. Ein rechtes Durcheinander, kann man da nur sagen. Aber eben alles ziemlich gespenstisch und gruselig.

L i e s zuerst seine Notizen d u r c h !

Winterabend - Heul- oder Winselgespenst - schwarze, zerzauste Haare - dunkle Garage - stechender Blick - heulen - leichenblass - Licht wird schwächer und wieder heller - kleiner, runder Kopf - zittern - tief liegende Augen - nach Einbruch der Dämmerung - erstarren vor Schreck - gelbe Zähne - jammern - einohrig

Nun o r d n e unten Joschis Notizen richtig e i n !

9 (Du kannst auch auf deinen Block schreiben.)

Um **welches** Gespenst handelt es sich?	Heul- oder ...
Wie **sieht** es **aus**?	schwarze, zerzauste ...
Wo und **wann** ist es **erschienen**?	
Welche **Geräusche** macht es?	
Was **passiert**?	
Was **fühlt** Joschi dabei?	

Du kennst nun einige Wörter, mit denen du eine Geistererscheinung beschreiben kannst. Wichtig ist: Du musst selbst an Gespenster **glauben**. Es gibt nämlich so viele, wie du dir vorstellen kannst.

Jetzt ein Beispiel, wie du deine Eltern mit einer Gespenstergeschichte ein wenig erschrecken kannst: Die Eltern sind sehr müde und liegen (ausnahmsweise) früh im Bett. Nun schleichst du zum Schlafzimmer.

Das Licht in ihrem Schlafzimmer ist schon aus. (Anders ist eine Geisterbeschwörung nicht möglich!) Du gehst hinein und sagst mit ängstlicher Stimme:

„*Mama, Papa* (jetzt machst du eine Pause), *ich glaube,* (wieder Pause) *in meinem Zimmer* (Pause) – *ist ein G e s p e n s t!*“

Papa: *Unsinn!*
Du: *Doch, bestimmt!*
P.: *Ach bitte, lass uns schlafen. Geh wieder ins Bett!*
Du: *Ich muss es dir erzählen.*
Mama: (knipst das Licht an)
Du: *Oh Gott, mach es aus!*
M.: *Warum denn?*
Du: *Das Gespenst soll mich nicht sehen.*
Zuerst dachte ich, ich träume, dann hörte ich etwas.
M.: *Was?*
Du: *Ein Kratzen –, wie –*
P.: *Wie was?*
Du: *So, als ob man am Betttuch kratzt. Dann ein Zischen ...*
Dann kam es.
P.: *Was kam?*
Du: *Na, das Gespenst.*
M.: *Das Gespenst? Und wie sah es aus?*

Jetzt ist der Augenblick gekommen, wo du das Gespenst beschreiben musst. Denke daran, dass du deinen Eltern Furcht einjagen willst. Das gelingt am besten, wenn du passende (treffende) Wörter verwendest.

✎ **10** Im **Buchstabenfeld** haben sich **waagerecht 5 Gespensterarten** oder **Märchenwesen** versteckt.
Senkrecht findest du **5 Eigenschaftswörter** (Adjektive), mit denen du das **Aussehen** des Gespenstes beschreiben kannst.

H	E	X	E	V	O	R
I	K	O	B	O	L	D
R	L	H	L	M	X	S
R	I	N	A	N	B	T
A	G	X	S	I	L	A
M	O	N	S	T	E	R
Z	V	A	M	P	I	R
D	Z	Y	A	A	C	M
F	E	E	G	E	H	E

✎ **11** B e s c h r e i b e jetzt ausführlich das Gespenst (im Geschichtenheft). S c h r e i b e in der 1. Vergangenheit.
So kannst du beginnen:

*Es war ein **Monstergespenst**.*
Schrecklich war sein ____________ *Gesicht. Mit* Hesse ____________ ,
______________ *Augen sah es mich* ________________ *an ...*

Eine Frage: Hast du inzwischen schon einmal unter der Internetadresse **www.gerhard-widmann.de** nachgesehen? (Keine Angst: Gespenster erwarten dich dort nicht.)

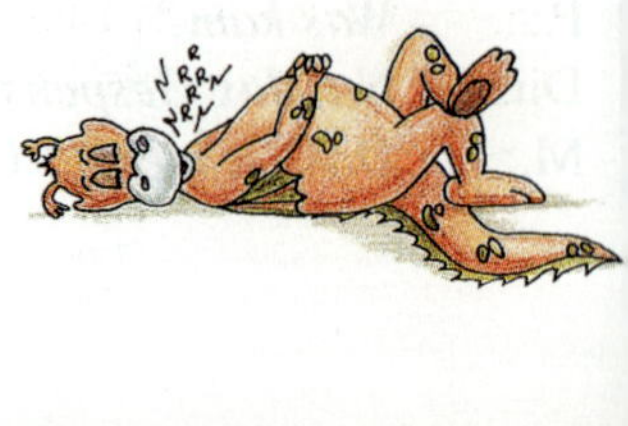

Eine **Erlebniserzählung** wird erarbeitet: Wie Stefan eine Gewitternacht im Freien erlebte

Bei den folgenden Aufgaben kannst du dich in Stefan hineindenken, der für seine Lehrerin ein *Ferienerlebnis* aufschreiben soll. Gemeinsam mit Stefan wirst du Schritt für Schritt eine Geschichte erarbeiten. Dabei wirst du eine Menge lernen. Ich wünsche dir viel Erfolg bei dieser Arbeit!

Stefan hat's gut: Er lässt sich von seiner Mutter helfen.

Stefan: Ich mag keinen Aufsatz über die Ferien schreiben.
Mutter: Erzähl doch von deinen Erlebnissen auf dem Bauernhof.
Stefan: Quatsch! Meine Lehrerin hat gesagt, dass man nur von *einem* Erlebnis erzählen soll, *nicht* von „*Erlebnissen*“.
Mutter: Dann erzähl *eines*.
Stefan: Mir fällt aber nichts *Besonderes* ein.
Mutter: Muss es denn etwas *Besonderes* sein?
Stefan: Nein. Frau Mai hat gesagt: „Ein *einfaches Erlebnis* genügt.“
Mutter: Na, siehst du. Jetzt fällt dir bestimmt etwas ein.
Stefan: Ich werd's versuchen.

12 Da hat sich Lisa aber getäuscht!
Wie hätte sie es **richtig** sagen müssen?

Etwas Einmaliges hat Stefan nicht erlebt, aber er erinnert sich an eine ziemlich aufregende Nacht im Freien. Er macht sich an die Arbeit und nach einer Viertelstunde hat er die Geschichte aufgeschrieben.

Auf dem Bauernhof

In den Ferien wollte ich mit meinem Freund im Freien schlafen. Wir hatten kein Zelt, da bauten wir selbst ein Zelt. Dann schliefen wir im Zelt. Dann fing es an zu regnen. Es war auch ein Gewitter. Ich bekam Angst. Dann weckte ich meinen Freund. Auf einmal fiel es zusammen. Huh! Es blitzte und donnerte. Wir gingen in das Haus. Das war mein Erlebnis auf dem Bauernhof.

Als Stefan fertig ist, liest er seine Geschichte noch einmal durch. Eigentlich gefällt sie ihm selbst nicht so recht. Aber **wie** kann er sie verbessern? Seine Mutter gibt ihm einige Tipps.

✎ **13** Schreibe die **Nummern** der **Sätze** auf, die Mutter gesagt haben könnte!

1) Stefan, dein Aufsatz ist einfach zu **lang**.
2) Wer die Geschichte liest, möchte auch den **Namen** deines Freundes erfahren.
3) Warum **fiel** das Zelt **zusammen**? Wie war das **genau**?
4) Eigentlich ist dein **Erlebnis** ziemlich **langweilig**, Stefan.
5) Einige Wörter **wiederholst** du zu oft. Das stört.

Stefans Vater hat einmal gesagt: Wer **vor** dem Schreiben **nachdenkt**, schreibt **nachher** eine **bessere** Geschichte. Deshalb stellt sich Stefan **genau** vor, **wie** er mit seinem Freund das Zelt gebaut hat und wie es umgefallen ist. Seine verbesserte Geschichte findest du auf der nächsten Seite.

Auf dem Bauernhof

In den letzten Ferien war ich bei meinem Freund Wolfgang auf dem Bauernhof. Einmal war es sehr heiß, und wir wollten im Freien schlafen. „Dürfen wir bitte ein Zelt bauen und darin schlafen?“, fragten wir Wolfgangs Eltern. Wir freuten uns, dass sie einverstanden waren. Weil wir kein Zelt hatten, bauten wir selbst eins im Obstgarten. Wir machten Holzpfähle in den Boden. Darüber taten wir alte Decken und zum Schluss eine wasserdichte Folie. Am Abend machten wir es uns auf Luftmatratzen gemütlich, aber in der Nacht fing es an zu regnen, und es war ein starker Wind. „Wolfgang, es kommt ein Gewitter!“, rief ich. Nach kurzer Zeit lief am Boden Wasser herein. Ich schlüpfte hinaus, weil ich einen Graben ziehen wollte. In diesem Augenblick blies der Wind das Zelt um. Wolfgang war unter dem Zelt. Wenn es blitzte, konnte ich sehen, wie er versuchte, es wieder aufzurichten. Huh! Wie das blitzte und donnerte. Krach! Bumm!
Wir merkten, dass alles keinen Zweck hatte. Wir packten die Decken und rannten zum Haus. Wir klopften wie wild an die Türe. Wie waren wir erleichtert, als Wolfgangs Vater endlich öffnete.
Das war mein Erlebnis auf dem Bauernhof.

Mutter unterhält sich mit Stefan über seine Geschichte.

Mutter: Im folgenden Abschnitt habe ich einige Wörter angestrichen; sie sind **nichts sagend**, **ungenau.**

Wir <u>machten</u> Holzpfähle in den Boden. Darüber <u>taten</u> wir alte Decken und zum Schluss eine wasserdichte Folie.

✎ **14** E r s e t z e die **ungenauen** Wörter durch **treffende**!

machten
______
______
______

Wir ______ *Holzpfähle in den Boden.*

taten
______
______
______

Darüber ______ *wir alte Decken.*

Mutter ist mit Stefans Aufsatz immer noch nicht zufrieden.

Mutter: Seid ihr eigentlich *gleich eingeschlafen*?
Stefan: Nein. Als wir im Zelt lagen, war es sehr *schwül,* und wir konnten lange *nicht einschlafen*. Da *erzählten* wir uns *Gespenstergeschichten*.
Mutter: Lieber Stefan, das ist interessant, und du musst es aufschreiben. (Natürlich nicht die Gespenstergeschichte!)

✎ **15** *Am Abend machten wir es uns auf Luftmatratzen gemütlich.*
Die Nacht war schwül, und wir ...

Mutter: Aber schließlich seid ihr doch eingeschlafen.
Stefan: Ja, und *ich* bin *als Erster* wieder *aufgewacht*.
Mutter: Wieso denn?
Stefan: Weil das *Zelt wackelte* und ich dachte, *es rüttelt jemand daran*, aber dann merkte ich, dass ein *kräftiger Wind wehte*. Er war so *stark*, dass unser *Zelt hin- und hergerissen* wurde. *Da hielt ich die Stangen fest.* Manchmal wurde es auch ganz *hell im Zelt*, wenn es *blitzte*.
Mutter: War Wolfgang auch wach, als das Gewitter losging?
Stefan: Nein, ich musste ihn erst *wecken*, er *schlief ja wie ein Murmeltier*.
Mutter: Das hast du gut erzählt. Du brauchst es nur aufzuschreiben!

Plötzlich wachte ich ...

16

Mutter: Was jetzt in deinem Aufsatz kommt, hast du so gut geschrieben, dass nichts mehr zu verbessern ist:

Nach kurzer Zeit lief am Boden Wasser herein. Ich schlüpfte hinaus, weil ich einen Graben ziehen wollte. In diesem Augenblick blies der Wind das Zelt um. Wolfgang war unter dem Zelt. Jedes Mal wenn es blitzte, sah ich, wie er versuchte, es wieder aufzurichten. Huh! Wie das blitzte und donnerte. Krach! Bumm!

Bist du schon müde?
Bitte nimm dir unseren Freund hier nicht zum Vorbild.
(Oder doch? Tiere wissen ganz genau, wann sie nach einer Stresssituation etwas Ruhe brauchen.)

Und so sieht die Geschichte inzwischen aus:

Auf dem Bauernhof

In den letzten Ferien war ich bei meinem Freund Wolfgang auf dem Bauernhof. Einmal war es sehr heiß, und wir wollten im Freien schlafen. „Dürfen wir bitte ein Zelt bauen und darin schlafen?“, fragten wir Wolfgangs Eltern. Wir freuten uns, dass sie einverstanden waren. Weil wir kein Zelt hatten, bauten wir selbst eins im Obstgarten. Wir schlugen Holzpfähle in den Boden. Darüber legten wir alte Decken. Mit Wäscheklammern befestigten wir alles. Am Abend machten wir es uns auf Luftmatratzen gemütlich. Die Nacht war schwül, und wir konnten lange nicht einschlafen. So erzählten wir uns Gespenstergeschichten, bis uns die Augen zufielen.

Plötzlich wachte ich auf. Das Zelt wackelte, als ob jemand daran rüttelte. Ich bekam Angst, aber dann merkte ich, dass ein kräftiger Wind wehte. Auf einmal wurde es hell im Zelt. Ein Blitz! Der Wind war so stark, dass unser Zelt hin- und hergerissen wurde. Ich hielt die Stangen fest. Wolfgang schlief noch immer wie ein Murmeltier. „Wolfgang, es kommt ein Gewitter!“, rief ich. Endlich wachte er auf.

Nach kurzer Zeit lief am Boden Wasser herein. Ich schlüpfte hinaus, weil ich einen Graben ziehen wollte. In diesem Augenblick blies der Wind das Zelt um.

Wolfgang war unter dem Zelt. Jedes Mal wenn es blitzte, sah ich, wie er versuchte, es wieder aufzurichten. Huh! Wie das blitzte und donnerte. Krach! Bumm!
Wir merkten, dass alles keinen Zweck hatte. Wir packten die Decken und rannten zum Haus. Wir klopften wie wild an die Türe. Wie waren wir erleichtert, als Vater endlich öffnete.

Stefan mag Lisa, deshalb hat er für sie eine Liste mit Überschriften zusammengestellt. (Ehe du weiterliest, kannst du selbst welche suchen.)

Lies erst einmal durch!

1) Ein Ferienerlebnis
2) Ein schreckliches Gewitter bei Nacht
3) Ein Erlebnis auf dem Bauernhof
4) Die unheimliche Nacht im Freien
5) War das ein Unwetter!
6) Bei meinem Freund

17 Ordne nun die **Überschriften** in die folgende **Tabelle** ein! Du brauchst nur die **Nummern** aufzuschreiben.

zu **allgemein**, **langweilig**	
weckt Spannung und **Interesse**	

Wörtliche Reden sind wichtig:
Man soll auch schreiben, was man **gesagt** oder **gedacht** hat

S i e h dir die Bildergeschichte in Ruhe a n .
Viel Spaß dabei!

Ist das eine lustige Geschichte?
Stefan sollte sie am Nachmittag als Hausaufgabe schreiben; er wollte jedoch lieber mit seinen Freunden Fußball spielen. Deshalb fand er die Geschichte wohl nicht so lustig.
Hier ist Stefans Aufsatz:

Der oberschlaue Michael

Heute will Michael nicht so gern in die Schule gehen, weil er seine Hausaufgaben schlampig gemacht hat.
Seine Mutter steht vor der Haustüre und ***ruft*** *ihm noch etwas nach. Michael steht schon vor dem Schulhaus, da fällt ihm zum ersten Mal ein Schild auf, das zeigt, wie zwei Kinder davonlaufen. Michael* ***denkt*** *sich etwas dabei und rennt wie der Blitz nach Hause. Seine Mutter fällt aus allen Wolken, als er wieder vor der Türe steht. Sie stellt ihm viele* ***Fragen****.*
Michael ***erzählt*** *ihr genau, was er gesehen hat und weshalb er wieder heimgelaufen ist.*

18 S c h r e i b e a u f, was an Stefans Geschichte **nicht** so **gut** ist.
(Die ***fett*** gedruckten Wörter helfen dir dabei!)

---

19 Hast du eigentlich gemerkt, in welcher **Zeit** Stefan seine Bildergeschichte geschrieben hat?
Sicher erinnerst du dich, dass es **drei** Zeiten gibt:
S c h r e i b e nun die Zeit a u f !

Die **drei Zeitstufen**		
Gegenwart (Präsens)	**Vergangenheit** (Präteritum)	**Zukunft** (Futur)

20 Kannst du jetzt Stefans Geschichte **v e r b e s s e r n**? **S c h r e i b e a u f**, was Michael gesagt und gedacht haben könnte. Auch seine Mutter sagt natürlich etwas.

So kannst du beginnen:

Seine Mutter steht vor der Haustüre und ruft ihm nach: „Geh ein bisschen schneller, sonst kommst du zu ...“

Wer eine **Geschichte** erzählt, muss **wichtige Regeln** beachten:

1) Erzähle nur von **einem** Erlebnis:
   → *Zwei Buben übernachteten im Freien.*

2) Ein **einfaches Erlebnis** genügt:
   → *Sie erlebten ein Gewitter.*

3) Überlege dir die **Zeit**, in der du erzählst.
   → *Der Wind blies das Zelt um.*
   → (Immer gut: 1. Vergangenheit)

4) Erzähle, wie es **genau** war:
   → *Darüber spannten wir alte Decken.*
   → *Wir klopften wie wild an die Türe.*

5) Suche stets ein **treffendes Wort**:
   → *Wir schlugen Holzpfähle in den Boden.*
   → *Ich kroch hinaus.*

6) Verwende **wörtliche Reden**:
   → *Ich rief: „Wolfgang, es kommt ein Gewitter!“*

7) Die **Überschrift** soll **Spannung wecken**:
   → *Eine aufregende Nacht im Freien*

21

Zum Schluss eine **Entspannungs-Aufgabe**.
Welches der **vier Bilder unterscheidet sich** von den anderen?

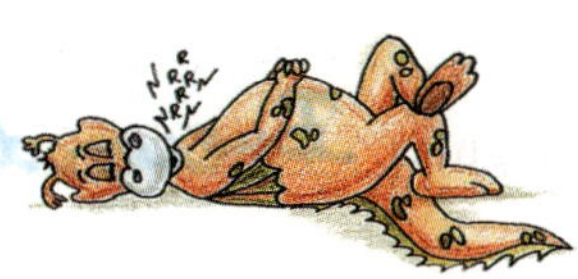

Ehe du heute mit deiner Arbeit beginnst, kannst du prüfen, ob du dir die **Regeln** für den Erlebnisaufsatz gemerkt hast. Diese Regeln stehen noch einmal auf dieser Seite, allerdings fehlt jeweils ein Wort.

22 S c h r e i b e die fehlenden Wörter in die Sätze **und** in die Kästchen **unten**.
Die folgende **Wörterschlange** enthält alle diese Wörter.
Du musst sie nur herausfinden und in die richtige Reihenfolge bringen.
(Achtung: S c h r e i b e **Ö**, nicht **OE**.)

EINFACHESGENAUTREFFENDESWÖRTLICHESPANNUNGEINEM

1. Für deine **Geschichte** genügt ein einfaches **Erlebnis**!
2. Verwende auch Wörtliche **Reden**.
3. **Erzähle** nur von Einem **Erlebnis**.
4. **Erzähle**, wie es genau war.
5. Die **Überschrift** soll Spannung **wecken**.
6. Suche stets ein Treffendes **Wort**.

				1. E	I	N	F	a	c	h	e	s	
					2. W	ö	R	T	L	i	c	h	e
							3. E	i	n	e	m		
			4. G	e	n	a	u						
				5. S	p	a	n	n	u	n	g		
6. T	r	e	f	f	e	n	d	e	s				

23 Im gelben Feld oben ergibt sich ein wichtiges Lösungswort.
S c h r e i b e es in den folgenden Satz.

Ein guter Freund ist für Kinder und Erwachsene wichtig.

Auch in **Briefen** kann man **Geschichten erzählen**

Kennst du das schöne Gefühl: Du öffnest den Briefkasten und findest einen Brief für dich? Dein Name steht darauf, und vielleicht erkennst du die Schrift deines Freundes oder deiner Freundin.
So ein Brief ist schöner als ein Fax oder eine E-Mail, denn er ist mit der Hand geschrieben und deshalb persönlicher.

Ja, so einfach ist das. Wer Briefe schreibt, bekommt auch Briefe.

Michelle ist nach Lübeck gezogen. Caroline ist traurig, denn Michelle ist ihre beste Freundin. Caroline schreibt ihr einen Brief. So fängt sie an:

Itzehoe, 14. September

Liebe Michelle,
schade, dass ihr nach Lübeck gezogen seid. Wenn ich morgens ohne dich zur Schule gehe, bin ich traurig. Ich vermisse...

✎ **24** S c h r e i b e Carolines Brief zu Ende. Du brauchst nur die folgenden Sätze in eine sinnvolle Reihenfolge zu bringen.
Es gibt natürlich **mehrere Möglichkeiten**.

1) Wir kamen spät ins Bett, und im Traum durfte ich noch einmal erleben, wie der ölverseuchte See durch einen zischenden Pfeilschuss in Brand gesetzt wurde.
2) Jetzt muss ich aber aufhören. Ich freu mich schon auf einen Brief von dir!
3) Viele Grüße an deine Eltern und an Patrick.
4) Sind die Mitschüler nett?
5) Bis bald
6) Im August war ich mit meinen Eltern in Bad Segeberg bei den Karl-May-Spielen im Freilichttheater.
7) Das Stück hieß „Der Ölprinz“ und war total spannend.
8) Ich vermisse dich sehr.
9) Caroline
10) Denkst du manchmal an mich?
11) Es haben 11500 Leute Platz.
12) Wie gefällt es dir in deiner neuen Schule?
13) Am besten gefiel mir, wie der Adler Tschitan herabrauschte und sich auf Winnetous Schulter setzte.
14) Schade, dass ihr nach Lübeck gezogen seid. Wenn ich morgens ohne dich zur Schule gehe, bin ich traurig.

KARL-MAY-SPIELE BAD SEGEBERG

25 Sieh dir die **14 Sätze** von **Aufgabe 24** noch einmal an!
Ordne sie dann in die folgende Tabelle ein.
Du brauchst nur die **Nummern** aufzuschreiben.

In **diesem Satz** wird			
etwas **erzählt** oder **berichtet**	etwas **gefragt**	ein **Gefühl** mitgeteilt	**gegrüßt**

Wer einen Brief wegschicken möchte, braucht einen **Briefumschlag**, eine **Briefmarke** und vor allem die **Adresse** des Empfängers.

An meine Freundin
Michelle
23564 Lübeck

Michelle Fröhlich
Kaninchenbergweg 101

26

Kannst du aus Lisas Vorschlägen die **richtige** Adresse z u s a m m e n s e t z e n ?

Warum nicht jetzt schon aufhören?
Es könnte ja ausnahmsweise mal
schönes Wetter sein. Nichts wie raus!
(Bitte nicht schlafen wie unser kleiner Drache!)

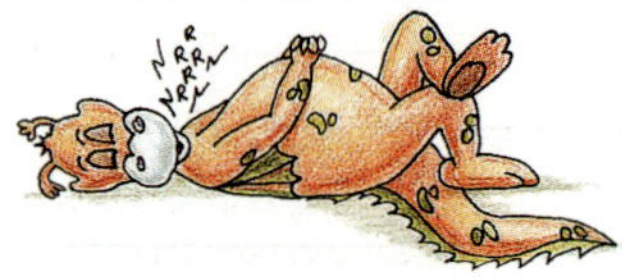

Felix hat eine nette Geschichte erlebt, und die will er seiner Oma in einem Brief erzählen. Hier findest du die Geschichte gezeichnet.

1

2

3

4

Natürlich kann Felix in seinem Brief nicht gleich mit der Geschichte beginnen. Er wird zuerst

- sich für Omas letzten Brief bedanken;
- Fragen stellen, z.B. wie es Oma und Opa geht;
- schreiben, wie es ihm selbst geht, etwa in der Schule; ob Mama und Papa gesund sind usw.

15. Juni ...

Liebe Oma,
vielen Dank für ...

✎ **27** S c h r e i b e jetzt den Anfang des Briefes in dein **Geschichtenheft.** D e n k e dabei an deine Oma.

Jetzt könnte Felix auch das **Erlebnis mit Foxi** erzählen.

Liebe Oma, jetzt muss ich dir eine lustige Geschichte erzählen. Vor ein paar Tagen durften meine Freundin und ich mit Foxi Gassi gehen. Foxi ist der Hund von Frau Köhler. Zuerst lief alles ...

✎ **28** S c h r e i b e nun die Geschichte mit Hilfe der Bilder a u f ! Bitte ins **Geschichtenheft**.

Am Schluss seines Briefes kann Felix

- schreiben, dass er sich auf einen Brief von Oma freut;
- fragen, wann Oma und Opa wieder mal zu Besuch kommen;
- Oma und Opa herzlich grüßen.

Jetzt ist es ein langer Brief geworden, und ich hoffe, dass du mir auch bald ...

29 S c h r e i b e jetzt den Brief zu Ende (ins Geschichtenheft)!

Felix darf natürlich **seine Adresse** nicht vergessen.

Auf dem Briefumschlag kannst du sehen, **wo** sie stehen muss und wie sie **richtig** aufgeschrieben wird.

Felix Ritter
Lärchenweg 31
35315 Homberg

Frau
Gertrud Ritter
Kallenbachswäldchen 35
35745 Herborn

Ich denke, dass du heute sehr fleißig warst.
Jetzt kommt noch ein Merksatz und dann ein kleines Rätsel.

In **persönlichen** Briefen kann man

- etwas **fragen** oder **sich erkundigen**,
- etwas **erzählen** oder **berichten**,
- dem anderen etwas **wünschen**,
- **grüßen** und Grüße ausrichten lassen.

30 Kleines Rätsel: In **welcher Reihenfolge** wird auf dem Briefumschlag die **Adresse** aufgeschrieben? M a l e in derselben Farbe a n !

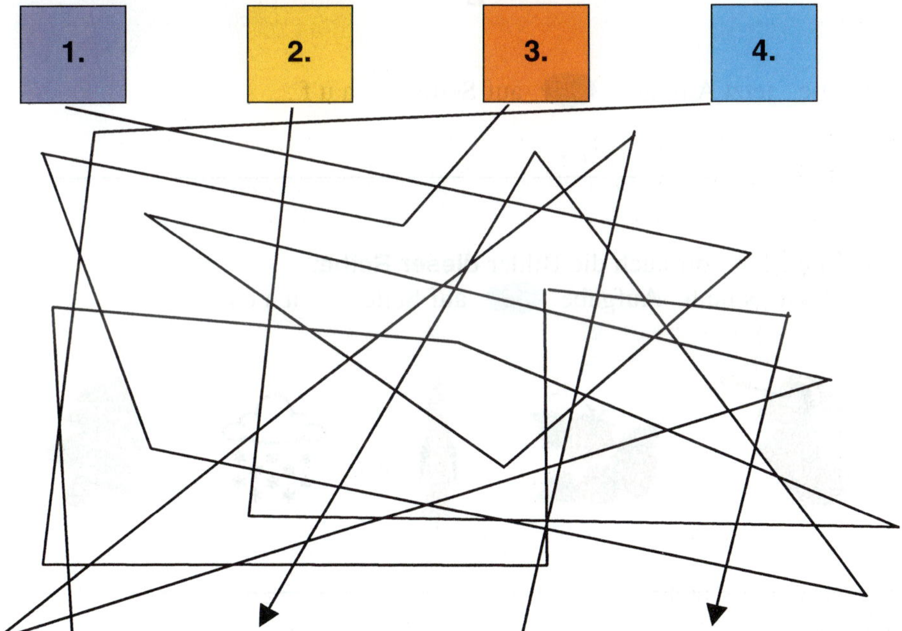

Straße und **Hausnummer**
Prärieweg 11

Postleitzahl und **Ort**
84326 Falkenberg

Vor- und **Nachname**:
Winnetou Zwirnzwiebel
(Kein Witz: Der Name *Winnetou* wurde wirklich vergeben.)

Anrede:
Frau oder *Herr*

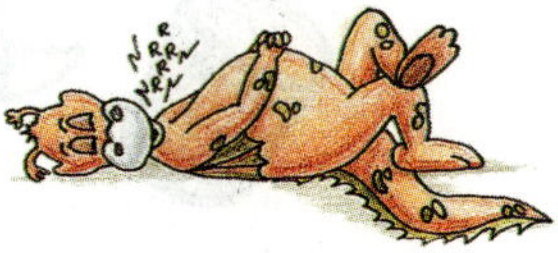

Ehe du heute mit dem nächsten Kapitel beginnst, kannst du dein Gedächtnis testen. Die folgenden Aufgaben passen auch gut zum nächsten Thema, bei dem es um *Reizwortgeschichten* geht.

Präge dir die Bilder der **1. Reihe** gut ein!
(Das gelingt dir besonders gut, wenn du dir zu den einzelnen Bildern eine kurze Geschichte ausdenkst.)

Schlage jetzt Aufgabe **35** auf Seite 37 auf.

Merke dir auch die Bilder **dieser Reihe**.
Dann sieh Aufgabe **36** auf Seite 37 nach!

Nun die letzte Aufgabe! (Sieh Aufgabe **37**, S. 37 an.)

Lehrer lieben **Reizwortgeschichten** – du auch?

Lehrer Obermüller stellt die *Tausend-Geschichten-Holzkiste* auf das Pult. In der Holzkiste liegen natürlich keine Geschichten. Es liegen vielmehr große Papierkarten darin, auf denen Wörter stehen. Selina darf in die Kiste greifen und drei Karten ziehen. Hinsehen darf sie dabei nicht. Die Kinder stöhnen: „Wieder eine **Reizwortgeschichte**."
„Ist aber lustig", meint Sascha und macht sich an die Arbeit.
Diese Karten hat Selina gezogen:

Schatz

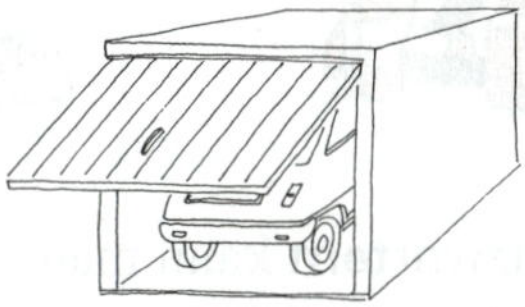

Garage

Krokodil

Und das ist Saschas Geschichte:

> Einmal schickte Vater Jan in die Garage, weil er Gummihandschuhe für die Gartenarbeit brauchte.
> Als Jan in die Garage kam, hörte er ein bitterliches Weinen. „Na, was ist denn hier los?", dachte er und staunte nicht wenig, als er ein Krokodil sah. Jawohl, ein richtiges Krokodil. Es saß auf einem alten Reifen und weinte große Krokodilstränen. „Was ist passiert?", fragte Jan. Da erzählte das Krokodil seine traurige Geschichte. Gott sei Dank konnte Jan helfen, und das dankbare Krokodil verriet ihm, wo ein kostbarer Schatz versteckt war. Am nächsten Tag lud Jan alle seine Freunde ein und feierte mit ihnen ein großes Fest.

31 U n t e r s t r e i c h e in Jans Geschichte die Wörter *Schatz, Garage und Krokodil* (nur einmal) in den jeweiligen Sätzen.

Zu einer **Geschichte mit Reizwörtern** kann man entweder

- ein **wahres Erlebnis** erzählen, oder
- man muss sich in der **Fantasie** selbst eines ausdenken.

32 Wer Saschas Geschichte liest, möchte Verschiedenes wissen. Du hast sicher **einige Fragen**, die Sascha nicht beantwortet hat. S c h r e i b e s i e a u f !

33 Kannst du dir zu den **drei** Fragen **Antworten** ausdenken? Schreibe kurz auf, was du gefunden hast!

---

34 Und jetzt könntest du die Reizwortgeschichte *Schatz – Garage – Krokodil* in dein schönes **Geschichtenheft** schreiben. (Ich hoffe, du hast Lust dazu!)

---

35 Streiche das Bild an, das vorher **nicht** in der **Reihe** war.

---

36 Welches Bild ist neu hinzugekommen? Streiche es an!

---

37 Welches Bild wurde weggelassen? Schreibe es auf!

Nadine ist vom Sprungbrett ins Wasser gesprungen, nicht sehr gut, aber immerhin hat sie sich getraut. Am Beckenrand sitzt Dominik und macht sich über sie lustig. Isabelle, die in der Nähe sitzt, gefällt das gar nicht.

Lösungen zu 222

Aufsatz 3. Klasse

1 *Hier kannst du mit deinen Lösungen vergleichen:*

- Eine Suchanzeige aufschreiben, weil die Katze nicht mehr nach Hause kommt.
- In ein Tagebuch schreiben.
- Während des Unterrichts einem Mädchen (Jungen) ein Briefchen schreiben.
- Den abwesenden Eltern einen Zettel schreiben, auf dem steht, dass man sich mit Freunden trifft.
- Einem lieben Menschen einen Brief schreiben.
- Mama, die wieder einmal sehr lange telefoniert, einen Zettel mit einer wichtigen Mitteilung zuschieben.
- Den abwesenden Eltern aufschreiben, wer angerufen hat.
- Eine Einladung zum Geburtstag schreiben.
- Sich ein Gedicht ausdenken.

2 *Diese Sätze sind **richtig**:*

☐ Sofie muss immer allein spielen.
☒ Sofie macht ihrem Ärger mit Schimpfwörtern Luft.
☒ Wenn Sofie leise *flucht*, nennt sie es *flücheln.*
☐ Sofie kann Katja und Olli nicht leiden.
☐ Sofie ist zu Frau Heinrich frech.
☒ Sofie schimpft auf Katja und Olli.
☐ *Schimpfeln* bedeutet leise *fluchen*.

3 Auf **Bild 2.**

4 „Papa, in meinem Zimmer ist ein Gespenst! Komm mit mir, ich habe so schreckliche Angst!“

5 Er nimmt sein Betttuch und verkleidet sich damit als Gespenst.

6 Er nimmt seine Verkleidung ab und gibt sich zu erkennen. (Weitere Möglichkeiten: Er lacht über Vater. / Er sagt Vater, dass er ihn in Zukunft ernst nehmen soll.)

7 Niklas ist plötzlich hellwach. Ist da jemand unter seinem Bett? Nein! Oh Gott, ein Gespenst! Ein langes, weißes Gespenst mit großen Augen.

Niklas stürzt aus seinem Zimmer. In Vaters Arbeitszimmer brennt noch Licht. „Papa, ein Gespenst! Ich habe so schreckliche Angst!"
„Quatsch! Es gibt keine Gespenster. Geh wieder in dein Bett!"
Ängstlich tapst Niklas in sein Zimmer zurück – das Gespenst ist weg! Aber warum hat ihm Vater nicht geglaubt?
Niklas hat eine Idee. Er nimmt das Betttuch und zieht es über. Jetzt ist er selber ein Gespenst. Er schleicht zu Vaters Zimmer.
Hui! Hui!
Vater springt hoch, als hätte ihn eine Wespe gestochen. Er will flüchten, stolpert aber über den Papierkorb.
Da muss Niklas laut lachen. Er nimmt seine Verkleidung ab.
Vater schämt sich ein bisschen und schließt Niklas in seine Arme: „Ausgerechnet ich habe deine Angst vor Gespenstern nicht ernst genommen!"

8 *Diese Überschriften passen:*
(Schreibe die beste über deine Geschichte im Geschichtenheft!)
Ein echtes und ein falsches Gespenst – Vater glaubt nicht an Gespenster – Wie Niklas Vater einen Schrecken einjagt

9 *Hast du richtig ausgefüllt?*

Um **welches** Gespenst handelt es sich?	*Heul- oder Winselgespenst*
Wie sieht es **aus**?	*schwarze, zerzauste Haare – stechender Blick – leichenblass – kleiner, runder Kopf – tief liegende Augen – gelbe Zähne – einohrig*
Wo und **wann** ist es **erschienen**?	*dunkle Garage – Winterabend – nach Einbruch der Dämmerung*
Welche **Geräusche** macht es?	*heulen – jammern*
Was **passiert**?	*Licht wird schwächer und wieder heller*
Was **fühlt** Joschi dabei?	*zittern – erstarren vor Schreck*

10 *Hast du die Wörter gefunden?*

H	E	X	E	V	O	R
I	K	O	B	O	L	D
R	L	H	L	M	X	S
R	I	N	A	N	B	T
A	G	X	S	I	L	A
M	O	N	S	T	E	R
Z	V	A	M	P	I	R
D	Z	Y	A	A	C	M
F	E	E	G	E	H	E

Hier noch einmal die Gespensterarten (Märchenwesen):
Hexe – Kobold – Monster – Vampir – Fee

Und hier die Eigenschaftswörter, um sie zu beschreiben:
irr – eklig – blass – bleich – starr

11 *So könnte deine Beschreibung ausgefallen sein. Schreibe sie ins* ***Geschichtenheft****! Überschrift: Ich habe ein Gespenst gesehen*

Es war ein **Monster**gespenst. Schrecklich war sein **bleiches** Gesicht. Mit **starren**, **irren** Augen sah es mich drohend an. In dem scheußlichen Mund steckten **Vampir**zähne, und seine Hände waren total **eklig**: feuerrot mit scharfen Krallen. Aus seinen Füßen floss Blut auf den Boden. Auf seinem Kopf sah ich einen grünen Hut mit zwei Federn darauf. Vielleicht kam es aus einer alten Burg, denn es hatte Schlüssel dabei und eine schwere eiserne Kette.

12 *Da hat Lisa nun wirklich nicht aufgepasst.*
Man soll natürlich möglichst nur von **einem Erlebnis** erzählen, und außerdem genügt ein **einfaches Erlebnis**.

13 *Ich denke, Mutter hat diese Sätze gesagt:*
2), 3) und 5)

14 Wir **schlugen** (**rammten**, **steckten**) Holzpfähle in den Boden.

Darüber **legten** (**spannten**, **zogen**) wir alte Decken.

15 Am Abend machten wir es uns auf Luftmatratzen gemütlich. Die Nacht war schwül, und wir **konnten lange nicht einschlafen. So erzählten wir uns Gespenstergeschichten, bis uns die Augen zufielen.**

16 Plötzlich wachte ich **auf. Das Zelt wackelte, als ob jemand daran rüttelte. Ich bekam Angst, aber dann merkte ich, dass ein kräftiger Wind wehte. Auf einmal wurde es hell im Zelt. Ein Blitz! Der Sturm war so stark, dass unser Zelt hin- und hergerissen wurde. Ich hielt die Stangen fest. Wolfgang schlief noch immer wie ein Murmeltier. „Wolfgang, es kommt ein Gewitter!", rief ich. Endlich wachte er auf.**

17

zu **allgemein, langweilig**	**1**), **3**), **6**)
weckt **Spannung und Interesse**	**2**), **4**), **5**)

18 Stefan hat **nicht** geschrieben, was Michael und seine Mutter **gesprochen** oder sich **gedacht** haben.

19 Stefan schreibt in der **Gegenwart** (Präsens).

Die **drei Zeitstufen**		
Gegenwart (Präsens)	**Vergangenheit** (Präteritum)	**Zukunft** (Futur)
Seine Mutter **steht** vor der Haustüre.	Seine Mutter **stand** vor der Haustüre.	Seine Mutter **wird** vor der Haustüre **stehen**.

20 *So etwa könnte auch deine Geschichte aussehen:*

Seine Mutter steht vor der Haustüre und **ruft** ihm nach: „**Geh ein bisschen schneller**, **sonst kommst du zu spät in die Schule**!" Michael steht schon vor dem Schulhaus, da fällt ihm zum ersten Mal ein Schild auf, das zeigt, wie zwei Kinder davonlaufen. Michael denkt: „**Was soll das bedeuten**? **Heißt das**, **dass man von der Schule weglaufen soll**? **Es könnte ja sein, dass etwas passiert ist**." Da dreht er sich um und rennt wie der Blitz nach Hause. Seine Mutter fällt aus allen Wolken, als er wieder vor der Türe steht. „**Ja Michael, was machst du denn hier**?"

Michael erzählt ihr genau, was er gesehen hat: **„Vor der Schule steht ein Schild, auf dem sind Kinder gezeichnet, die wieder heimlaufen. Und das hab ich gemacht.**"

21 **Bild 3** unterscheidet sich von den anderen, denn der Kerzenhalter hat **drei Ringe.**

22

1.					E	I	N	**F**	A	C	H	E	S	
2.						W	Ö	**R**	T	L	I	C	H	E
3.								**E**	I	N	E	M		
4.				G	E	N	A	**U**						
5.					S	P	A	**N**	N	U	N	G		
6.	T	R	E	F	F	E	N	**D**	E	S				

23 *Das Lösungswort heißt* **Freund.**

24 *Hier ist eine passende Lösung.*
Sicher hast du eine ähnliche gefunden.

Itzehoe, 14. September

Liebe Michelle,
schade, dass ihr nach Lübeck gezogen seid. Wenn ich morgens ohne dich zur Schule gehe, bin ich traurig. Ich vermisse dich sehr. Denkst du manchmal an mich?
Wie gefällt es dir in deiner neuen Schule? Sind die Mitschüler nett?
Im August war ich mit meinen Eltern in Bad Segeberg bei den Karl-May-Spielen im Freilichttheater. Es haben 11500 Leute Platz. Das Stück hieß „Der Ölprinz" und war total spannend. Am besten gefiel mir, wie der Adler Tschitan herabrauschte und sich auf Winnetous Schulter setzte. Wir kamen spät ins Bett, und im Traum durfte ich noch einmal erleben, wie der ölverseuchte See durch einen zischenden Pfeilschuss in Brand gesetzt wurde.
Jetzt muss ich aber aufhören. Ich freu mich schon auf einen Brief von dir! Viele Grüße an deine Eltern und an Patrick.
Bis bald!

Caroline

25

In **diesem Satz** wird			
etwas **erzählt** oder **berichtet**	etwas **gefragt**	ein **Gefühl** mitgeteilt	**gegrüßt**
1), 6), 7), 11) 13)	4), 10), 12)	2), 8), 14)	3), 5), 9)

26 Michelle Fröhlich
Kaninchenbergweg 101
23564 Lübeck

27 *So ähnlich könnte auch dein Brief aussehen:*

15. Juni

Liebe Oma,
vielen Dank für **deinen Brief, ich habe mich sehr darüber gefreut. Wie geht es dir? Hat Opa den Teich im Garten schon fertig? Mir geht es gut, im Diktat habe ich eine Zwei bekommen. Papa hat mich sehr gelobt und Mama meint, dass ich jetzt auch im Zeugnis eine bessere Note bekommen werde.**

28 Liebe Oma, jetzt muss ich dir eine lustige Geschichte erzählen. Vor ein paar Tagen durften meine Freundin und ich mit Foxi Gassi gehen. Foxi ist der Hund von Frau Köhler. Zuerst lief alles **gut. Wir konnten gar nicht schnell genug laufen, weil Foxi immer an der Leine zerrte. Doch auf einmal wurde er müde. Er setzte sich auf sein Hinterteil und wollte nicht mehr aufstehen. Wir zogen an der Leine, aber es half alles nichts: Er wollte einfach nicht mehr. Da hatte ich eine Idee. Ich zog meinen Pullover aus und Marie holte einen Stock aus dem Gebüsch. Den Pullover banden wir um den Stock und setzten Foxi hinein. Wir legten die Last auf unsere Schultern und marschierten los. Foxi freute sich. Er sprang erst von der „Trage“, als wir zu Hause waren.**

29 Jetzt ist es ein langer Brief geworden, und ich hoffe, dass du mir auch bald **einmal schreibst. Wann kommt ihr wieder zu uns?
Viele Grüße an Opa und dich
dein Felix**

30 1. = **Anrede** 2. = **Vor-** und **Nachname**
3. = **Straße** und **Hausnummer** 4. = **Postleitzahl** und **Ort**

Herrn
Winnetou Zwirnzwiebel
Prärieweg 11
84326 Falkenberg

31 Einmal schickte Vater Jan in die Garage, weil er Gummihandschuhe für die Gartenarbeit brauchte.
„Na, was ist denn hier los?", dachte er und staunte nicht wenig, als er ein Krokodil sah.
Gott sei Dank konnte Jan helfen, und das dankbare Krokodil verriet ihm, wo ein kostbarer Schatz versteckt war.

32 *Das sind die drei Fragen:*
1. **Welche traurige Geschichte** erzählt das Krokodil?
2. **Wie** kann Jan dem Krokodil **helfen**?
3. **Was** ist das für ein **Schatz**, und **wo** ist er **versteckt**?

33 *Diese Antworten sind mir eingefallen:*

1. Die traurige Geschichte des Krokodils:	2. So hilft Jan dem Krokodil:	3. Das könnte der Schatz sein:
Es hat sein Junges verloren und sich verzweifelt in der Garage verkrochen.	Das kleine Krokodil ist in die Regentonne gefallen und wird dort von Jan gefunden.	Krokodileier aus feinster Schokolade. Die Eier sind unter Brennnesseln versteckt.

34 Einmal schickte Vater Jan in die Garage, weil er Gummihandschuhe für die Gartenarbeit brauchte.
Als Jan in die Garage kam, hörte er ein bitterliches Weinen. „Na, was ist denn hier los?", dachte er und staunte nicht wenig, als er ein Krokodil sah. Jawohl, ein richtiges Krokodil. Es saß auf einem alten Reifen und weinte große Krokodilstränen. „Was ist passiert?", fragte Jan.

„Ach, das ist eine traurige Geschichte", sagte das Krokodil, „weißt du, ich habe Soki verloren und kann ihn nicht mehr finden, und er ist doch noch so klein."
„Wer ist Soki überhaupt?", fragte Jan.
„Mein Baby. Es ist erst 4 Monate alt."
„Dann müssen wir es eben suchen", sagte Jan, und sofort lief er im Hof herum und kroch in jeden Winkel, bis er Soki gefunden hatte.
„Ja, wo ist mein Kleiner denn gewesen?", fragte das Krokodil glücklich.
„Das errätst du nie!", sagte Jan, „Soki war in der Regentonne."
Das Krokodil dankte Jan herzlich und zur Belohnung verriet es ihm, wo ein kleiner Schatz versteckt war. Unter den Brennnesseln hinter der Garage hatte es riesige Krokodileier versteckt – aus Schokolade!
Am nächsten Tag lud Jan alle seine Freunde ein und feierte mit ihnen ein großes Fest.

35 *Der* **Maiskolben** *war vorher nicht in der Reihe.*

36 *Der* **Junge** *ist neu hinzugekommen.*

37 *Das* **Schaukelpferd** *wurde weggelassen.*

38 *Am besten passt* **3) Sprungbrett – Angeber – Bauchplatscher**

39 **Bild 1**
Dominik: Die springt ja wie ein Frosch. Wie das aussieht!

Bild 2
Dominik: Jetzt könnt ihr mal sehen, wie man das macht!
Isabelle: Da bin ich aber gespannt!

Bild 4
Isabelle: So ein Angeber!

40 *Der Höhepunkt der Geschichte ist* ***fett*** *gedruckt!*

Nadine ist vom Sprungbrett ins Wasser gesprungen, nicht sehr gut, aber immerhin hat sie sich getraut. Am Beckenrand sitzt Dominik und macht sich über sie lustig: „Die springt ja wie ein Frosch. Wie das aussieht!“ Jetzt will Dominik Nadine zeigen, was ein guter Sprung ist. **Er steigt auf das Sprungbrett, stellt sich ganz vorne hin und prahlt: „Jetzt könnt ihr mal sehen, wie man das macht!“ Nicht weit von ihm sitzt Isabelle und meint: „Da bin ich aber gespannt!“**
Endlich hechtet Dominik ins Wasser, aber oh weh!, er platscht voll mit dem Bauch auf. Schön hat das nicht ausgesehen. Als Dominik aus dem Wasser kommt, ist sein Bauch feuerrot und man merkt, dass er Schmerzen hat.
„Das hat er jetzt davon“, sagt Isabelle, „so ein Angeber.“ Und Nadine nickt mit dem Kopf.

41 *Diese Reizwortaufgaben wären nicht schwierig:*

Hütte (Holzhaus) – Gespenst – Igel
Ball – Mädchen (Kind) – Unfall

Das wäre nicht so einfach:
Busch – Gartenzwerg – Kiste

42 **Igel – Holzhaus – Gespenst**
Mit meinen Freunden Tom und Lena entdeckte ich eine alte Holzhütte. Sie stand mitten im Wald und in den Sommerferien gingen wir oft hin. Obwohl es dort ein wenig unheimlich war, durchsuchten wir jeden Winkel, und an Regentagen machten wir es uns sogar gemütlich.
Als die Ferien zu Ende waren, hatten wir die Hütte bald vergessen. Es war später Herbst, als Lena sagte: „Am Wochenende könnten wir wieder zur Waldhütte gehen.“ Das war eine gute Idee und wir freuten uns, als wir das verlassene Waldhaus wieder sahen. Drinnen roch es nach Moder und es war ungemütlich kalt. Aber wir hatten Kerzen mitgebracht und ein Buch mit Gespenstergeschichten. Ich begann als Erster zu lesen: „Ein Junge hatte sich im Wald verlaufen. Als es Nacht wurde, fand er ein verlassenes altes Holzhaus ...“

In diesem Augenblick hörten wir ein kratzendes Geräusch und ein seltsames Prusten. Wir erschraken und wagten kaum zu atmen. „Was kann das sein?“, flüsterte Tom. „Hoffentlich kein Gespenst“, meinte Lena ein wenig bleich. Plötzlich war es wieder still. Es dämmerte schon. „Kommt, wir gehen!“, sagte Tom. Jetzt war das Geräusch wieder da. Schließlich war unsere Neugier stärker als unsere Angst. Vorsichtig schlichen wir zu der Ecke, aus der die seltsamen Töne kamen. Und was entdeckten wir?
Einen lieben, kleinen Igel, der sich hier für den Winter eingerichtet hatte. Wir hatten ihn in seiner Ruhe gestört.

Busch – Gartenzwerg – Kiste
Katzen und Gartenzwerge sind meine Lieblinge. Katzen können frei herumlaufen, aber Gartenzwerge müssen immer an derselben Stelle bleiben. Unser Nachbar hat einen Gartenzwerg, der einen Rechen auf der Schulter trägt. Ich nenne ihn Putzi, und wenn ich allein bin, spreche ich mit ihm. Ich glaube, Putzi würde gerne im Garten arbeiten, aber er muss immer an derselben Stelle stehen. Im letzten Herbst hatte ich eine Idee. Der Busch unseres Nachbarn hatte eine Menge Blätter verloren. Als es dämmerte, stellte ich unbemerkt eine Kiste in Nachbars Garten. Ich wollte sehen, was passiert. Am nächsten Morgen stand ich früh auf und lief sogleich an den Gartenzaun. Putzi stand wie immer unter einem Baum vor der Terrasse. Aber die Kiste – ja die Kiste war voller Laub! Das hatte ich erwartet. Schnell holte ich die Kiste und am Abend stellte ich sie wieder hin, weil noch genügend Blätter am Boden lagen. So machte ich es jeden Tag, bis kein Laub mehr da war. Unser Nachbar wird sich gewundert haben. Soll er.

43

A	D	L	E	R		R			
					D	A	C	H	S
			K			B		A	
		G	Ä	N	S	E		S	
			N					E	
		I	G	E	L				
			U				U		
		F	R	O	S	C	H		
			U				U		

44 *Das ist mit **Fantasie** gemeint:*
Einfallsreichtum: Wer **Fantasie** hat, dem fällt immer etwas ein.
Vorstellungskraft: Menschen mit **Fantasie** können sich in ihrem Kopf alles gut vorstellen.

45

fröhlich	1, 3	*erschrocken*	4, 5
gespannt	2	*stolz*	3

Der **Höhepunkt** *liegt im* **Bild 5** *und auch im* **Bild 6**.

46 Bettina ist fröhlich, *weil (dass)* sie einen Fisch gefangen hat.
Manuel freut sich, *dass (weil)* ein Fisch angebissen hat.
Bettina ist erschrocken, *weil* Manuel ein Stück vom Boot herausgerissen hat.
Die Kinder sind ratlos, *weil* das Boot Luft verliert.
Andere Möglichkeit: *Weil* das Boot Luft verliert, sind die Kinder ratlos.

47 *Hast du selbst eine Lösung gefunden?*
*Natürlich kann man sich hier **mehrere** Lösungen ausdenken, Lösungen mit **gutem** Ausgang und solche mit **schlechtem**. Wir wollen lieber gute Lösungen erfinden.*

- Leider sinkt das Boot, aber die Kinder können gut schwimmen und kommen glücklich ans Ufer.
- Die beiden Kinder können zwar schwimmen, aber das Ufer ist ihnen zu weit entfernt. Ein Ausflügler ist mit einem Boot in der Nähe, er nimmt die beiden Kinder zu sich.
- Die Kinder können gerade noch bis zu einer kleinen Insel rudern. Dort schreien sie um Hilfe, sie werden gehört und gerettet.
- Das Boot hat getrennte Luftkammern und es trägt die Kinder gerade noch bis zum Ufer.

48 *Dies ist die ganze Geschichte. Wenn du nur den Schluss geschrieben hast, dann musst du besonders, was **schräg gedruckt** ist, lesen.*

Bettina und Manuel wollten Fische fangen. Mit einem einfachen kleinen Schlauchboot ruderten sie auf den See hinaus.

Zuerst warf Bettina die Angel aus. Lange Zeit passierte gar nichts, und Bettina verlor fast die Lust. Aber plötzlich zog etwas an der Angel, und Bettina holte einen zappelnden Fisch heraus. „Sieh mal, was ich gefangen habe!“, rief sie.
Jetzt war Manuel an der Reihe. Bettina duckte sich, als Manuel die Angelschnur mit großem Schwung auswarf. Aber oh weh!, der Angelhaken landete nicht im Wasser, sondern im Boot und riss ein großes Loch ins Gummiboot.
Sogleich entwich zischend Luft und das Boot begann zu sinken.
„Oh Gott, was machen wir nun?“, schrie Bettina. „Schwimmen!“, antwortete Manuel und sprang ins Wasser. Bettina folgte ihm, und da sie beide gute Schwimmer waren, erreichten sie erschöpft, aber wohlbehalten das Ufer. Als sie auf das Wasser hinausblickten, war vom Boot nichts mehr zu sehen.
„Da haben wir noch einmal Glück gehabt!“, sagte Bettina.

49 2) Gerade noch einmal gut gegangen
5) Schiffbruch auf kleinem See
6) Bettina und Manuel retten sich selbst

50 KLEIN, ABER STARK

51 Die beiden mittleren Kreise sind **gleich groß**! So etwas nennt man eine **optische Täuschung**.

52 *Diese Lösungen wären möglich:*
Tanja findet ihre Mutter nicht mehr – Tanja ist allein beim Einkaufen, sie hat ihre Geldbörse verloren – Tanja hat sich wehgetan.
Hast du noch andere Lösungen gefunden?

53 *Diese Gedanken wären sinnvoll:*
2,3 und 5.

54 Einmal war ich mit meiner Mutter im Kaufhaus. Ich bekam ein Sommerkleid und war glücklich. Anschließend ging Mama in die Lebensmittelabteilung und ich durfte bei den Spielwaren bleiben. „Warte hier, bis ich dich abhole“, sagte Mama, **als sie ging. Ich guckte all die schönen Sachen an, aber nach einer Stunde dachte ich: „Wo bleibt Mama so lange?“ Ich bekam Angst. „Bestimmt ist sie noch in der Lebensmittelabteilung!“, sagte ich mir und fuhr mit der Rolltreppe nach unten. Ich lief ver-**

zweifelt zwischen den Regalen hin und her, aber nirgends fand ich sie. „Jetzt wird sie schon bei den Spielwaren sein!", tröstete ich mich.

Sie war aber nicht bei den Spielwaren. Da fing ich laut zu schluchzen an, und einige Leute blieben stehen. „Was ist passiert?", fragte eine nette Verkäuferin. Es dauerte, bis ich alles erzählt hatte.

Jetzt wurde eine Durchsage gemacht, und bald hielt mich meine Mutter in ihren Armen.

„Tut mir Leid, Tanja. Ich habe Frau Mauermann getroffen, und du weißt, wie viel es da zu reden gibt."

Ein großes Eis half mir, meinen Kummer zu vergessen.

55 *Ich hoffe, dass dir selbst etwas eingefallen ist. Für deine Ideen kann ich dir hier natürlich keine Lösung anbieten, da müsste ich schon Gedanken lesen können.*

56 *Zuerst die Schlitten-Geschichte:*

Als ich aufstand, sah ich, dass es über Nacht geschneit hatte. **Wie immer fuhr ich mit dem Bus zur Schule. Vor dem Erlenbach zuckelte der Bus plötzlich und blieb stehen. Der Motor war kaputt. Ich ging zu Fuß weiter. Nach einiger Zeit war ich so müde, dass ich mich in einem Bushäuschen ein wenig ausruhte. Da stand auf einmal ein riesiger schwarzer Hund vor mir. „Oh Schreck", dachte ich, aber dann merkte ich, dass er sehr lieb war, denn er wedelte ständig mit dem Schwanz und sah mich mit seinen lustigen Augen an. Ich gab ihm etwas von meinem Pausenbrot und streichelte sein glänzendes Fell. So wurden wir schnell Freunde. Ich dachte mir einen Namen aus und sagte: „Komm, Tasso!"**

Er folgte mir bis nach Hause. Wir spielten miteinander und da hatte ich einen Einfall. Ich holte meinen Schlitten aus dem Keller und einige alte Lederriemen, damit spannte ich Tasso vor den Schlitten und setzte mich darauf. „Hei, Tasso!", rief ich, und schon sausten wir wie der Wind über die verschneiten Wiesen und Felder.

Leider musste ich den letzten Teil des Weges zu Fuß gehen, weil sie auf den Straßen Salz gestreut haben. Nun sitzt Tasso vor einem Baum bei meinem Schlitten und wartet auf mich, bis die Schule zu Ende ist.

Und jetzt die Indianer-Geschichte:

Wie immer bei schönem Wetter fuhr ich mit dem Rad zur Schule.
Als ich durch den Obermooser Wald kam, sprangen plötzlich leibhaftige Indianer aus dem Gebüsch und versperrten mir den Weg.
Zitternd stieg ich vom Fahrrad und schaute in die schrecklich bemalten Gesichter der Rothäute. „Was wollt ihr von mir?“, schrie ich. Wortlos nahmen sie mein Fahrrad und führten mich in den Wald hinein. Auf einer Lichtung stand ein Pfahl, und aus Filmen wusste ich, dass es ein Marterpfahl war. Sie banden mich fest und dann tanzten sie wild um mich herum. „Das ist mein Ende“, dachte ich.
Schließlich setzten sie sich auf den Boden und fingen so abscheulich zu singen an, dass mir die Ohren wehtaten.
Da ich im Schulchor der beste Sänger bin, wollte ich ihnen vor meinem Ende wenigstens ein schönes Lied vorsingen. Als sie endlich einmal still waren, sang ich „Nehmt Abschied, Brüder“. Da wurden sie ganz still und einige fingen zu weinen an, sodass ihnen die Farbe heruntertropfte.
Sie banden mich vom Pfahl und bildeten einen Kreis um mich. Ich dachte: „Die haben noch nie jemanden so schön singen gehört.“
Nun musste ich mit ihnen die Friedenspfeife rauchen, wovon mir ganz schlecht wurde. Zuletzt holten sie mein Fahrrad und begleiteten mich zur Waldstraße. Ich machte mich mit ziemlicher Verspätung auf den Weg zur Schule.

57 *So hast du richtig eingesetzt:*
Bei der Fußgängerampel in den Falkenweg **einbiegen**.
An der Bäckerei **vorbeifahren**.
Den Leipziger Platz **überqueren**.
Am Spielplatz **entlangfahren**.

58 Vom Lindenweg biegst du rechts in die Hauptstraße ein. Du fährst zuerst an der Kirche und dann an der Fußgängerampel vorbei. Danach biegst du nicht rechts in die Lortzingstraße ein, sondern bleibst auf der Hauptstraße. Wenn du an der Bäckerei auf der rechten Seite vorbeigefahren bist, biegst du in die erste Straße links ein, das ist der Amselweg. Wir wohnen im zweiten Haus auf der rechten Seite.

59 Anne biegt vom Amselweg nach rechts in die Hauptstraße ein. Sie muss dann gleich die nächste Straße rechts in die Färbergasse fahren. Wenn sie an der Kirche vorbei ist, biegt sie links in die Mozartstraße ab. Zuletzt überquert sie den Leipziger Platz und kommt direkt in den Lindenweg. Im zweiten Haus auf der linken Seite wohnt Lea.

60

Farbe	Zifferblatt blau und gelb
Form	rundes Gehäuse
Material	Gehäuse und Armband aus Metall
Marke	Mary
Besondere Kennzeichen	Schramme auf der Gehäuserückseite
Größe	Durchmesser etwa 3 cm

61

Grundfarbe	grau
Muster	rote Streifen
Besondere Kennzeichen	keine
Form	lang/weit
Marke	S&X
Material	Baumwolle
Größe	164

62 *Der Hausmeister wird natürlich zuerst nach der* ***Farbe*** *fragen, denn die ist bei einem Pullover immer das Auffälligste.*

63

	1	2	3	4	5
Farbe	X		X		X
Muster	X		X	X	X
Form	X				X
Kennzeichen	X		X	X	X
Marke	X				X
Material	X	X			X
Größe			X		X

64

lang – kurz spitz – stumpf dick – dünn schmal – breit hart – weich	neu – alt schön – hässlich süß – sauer traurig – fröhlich teuer – billig	groß – klein schwarz – weiß leicht – schwer rund – eckig heiß – kalt

65 Schultasche verloren

Wer hat meine Schultasche gesehen? Sie ist rechteckig und blau. Das Seitenfach und die Verschlussklappe sind gelb. Ihre Form ist rechteckig. Die Tasche hat die normale Größe für Grundschulkinder. Sie hat vier orangefarbene Strahler, am Reißverschluss ist ein kleiner Teddy befestigt. Meine Schultasche ist aus Kunststoff hergestellt.

66 *Du findest die Lösung oben unter der Nummer* 65.

67 *Ein Apfel ist weder* **giftig** *noch* **klebrig**.
Zum Amselmännchen passt **neu** *und* **teuer** *nicht.*

68 **Fußball:** *Mein Gegenstand ist* schwarz-weiß und rund. / Er ist aus Leder, innen hohl und mit Luft gefüllt. / Er kann rollen.
Blockflöte: *Mein Gegenstand ist* länglich und hohl. / Er ist aus Holz gefertigt und hat Löcher. / Er kann Töne von sich geben.
Tasse: *Mein Gegenstand ist* weiß, glänzend und zerbrechlich. / Er ist aus Porzellan und hat einen Henkel. / Er kann mit Flüssigkeit gefüllt werden.
Schere: *Mein Gegenstand* ist scharf, spitz und länglich. / Er ist aus Metall. / Er ist beweglich und kann etwas schneiden.

Kirsche: *Mein Gegenstand* ist essbar, süß, lecker, klein, rund, rot, saftig, glänzend und gesund. / Er ist aus Fruchtfleisch. / Er hat einen Kern und einen Stiel.

Kerze: *Mein Gegenstand* ist weiß. / Er ist praktisch und ist aus Wachs. / Er hat einen Docht. / Er kann schmelzen und in der Dunkelheit leuchten.

69 *Ich denke, du hast die Lösung gefunden:*
Anna liebt **Fische** und die Farbe **Blau**.
Tim liebt **Affen** und die Farbe **Rot**.
Susanne liebt **Schweine** und die Farbe **Rosa**.

70 Eier kochen
Zutaten : frische Eier
Geräte: Topf – Topflappen – Eieruhr

Man nimmt für jede Person 1 frisches Ei. Die Eier legt man vorsichtig in einen großen Topf und lässt so viel Wasser einlaufen, bis sie gut **bedeckt sind.**
Jetzt stellt man den Topf ohne Deckel auf die Herdplatte und bringt das Wasser zum Kochen. Man stellt die Eieruhr ein: 6 bis 8 Minuten für harte Eier.
Anschließend legt man den Deckel auf den Kochtopf, hält ihn mit dem Topflappen fest und gießt das heiße Wasser ab.
Zum Schluss schreckt man die Eier mit kaltem Wasser ab, damit sie sich gut von der Schale lösen lassen.

71 Eier kochen
Nimm für jede Person 1 frisches Ei und lege es vorsichtig in einen großen Topf. Lass so viel Wasser einlaufen, bis die Eier gut **bedeckt sind. Stelle jetzt den Topf ohne Deckel auf die Herdplatte und bringe das Wasser zum Kochen. Stelle nun die Eieruhr ein: 6 bis 8 Minuten für harte Eier. Lege anschließend den Deckel auf den Kochtopf, halte ihn mit dem Topflappen fest und gieße das heiße Wasser ab. Schrecke zum Schluss die Eier mit kaltem Wasser ab, damit sie sich gut von der Schale lösen lassen.**

oder so:

Für jede Person 1 frisches Ei nehmen und vorsichtig in einen großen Topf legen – so viel Wasser einlaufen lassen, **bis die Eier gut bedeckt sind – den Topf ohne Deckel auf die Herdplatte stellen und Wasser zum Kochen bringen – die Eieruhr einstellen:**

6 bis 8 Minuten für harte Eier – anschließend Deckel auf Kochtopf legen, mit Topflappen festhalten und heißes Wasser abgießen – zum Schluss Eier mit kaltem Wasser abschrecken, damit sie sich gut von der Schale lösen lassen.

72 Fliegenpilz

1. Man wäscht zuerst die Tomaten und trocknet sie ab. Dann schneidet man von jeder Tomate mit dem **Tomatenmesser eine kleine Kappe ab. Das größere Tomatenstück wird mit einem kleinen Löffel ausgehöhlt.**
2. **Von den Eiern schneidet man mit dem Messer jeweils die Spitze ab, sodass man sie auf das abgeschnittene Ende stellen kann.**
3. **Auf die Spitze des Eis drückt man Majonäse aus der Tube und setzt darauf die ausgehöhlte Tomatenhälfte.**
4. **Zuletzt stellt man den „Fliegenpilz“ auf ein Salatblatt und betupft das Tomatenstück mit Majonäse.**

73 Fliegenpilz (*andere Schreibweise*)

Tomaten waschen und abtrocknen – von jeder Tomate eine kleine Kappe abschneiden – **das größere Tomatenstück mit einem kleinen Löffel aushöhlen – von den Eiern jeweils eine Spitze abschneiden und das Ei auf das abgeschnittene Ende stellen – auf die Spitze Majonäse geben und die ausgehöhlte Tomatenhälfte darauf setzen – den Fliegenpilz auf ein Salatblatt stellen und das Tomatenstück mit Majonäse betupfen**

74 Leckere Quarkspeise

1. Zuerst schlägt man die Sahne mit Sahnesteif und **1 Esslöffel Zucker, bis sie fest wird.**
2. **In der anderen Schüssel verrührt man den abgetropften Magerquark mit 1 Esslöffel Zucker, Orangenmarmelade und Zitronensaft.**
3. **Jetzt gibt man die Schlagsahne auf den Quark und vermengt beides vorsichtig mit dem Löffel.**
4. **Zum Schluss füllt man die Quarkspeise in Glasschüsseln und verziert sie nach Belieben mit Orangenscheiben.**

75 Leckere Quarkspeise

Sahne mit Sahnesteif und 1 Esslöffel Zucker steif schlagen – in Schüssel abgetropften Magerquark mit **Zucker, Orangen-**

marmelade und Zitronensaft verrühren – Schlagsahne auf Quark geben und beides vorsichtig vermengen – zuletzt Quarkspeise in Schüsseln abfüllen und mit Orangenscheiben verzieren.

76 *In dieser Reihenfolge hast du die Nummern richtig eingetragen:*
2 – 3 – 1

77 **Zuerst** bestreicht man ein einwandfreies Zeitungsblatt entsprechend den gestrichelten **Linien auf der Zeichnung mit Klebestift. Anschließend legt man eine gleich große Seite genau darüber und drückt sie an den Klebestellen gut fest. Zuletzt zeichnet man mit Bleistift an der offenen Ecke einen kleinen Kreis und an der gegenüberliegenden einen Punkt ein.**

78 *In dieser Reihenfolge hast du die Nummern richtig eingetragen:*
4 – 1 – 3 – 2

79 Bei der Vorführung formt man **zuerst** aus der Zeitungsseite eine Tüte. Dabei muss man das Blatt **von der Ecke mit dem schwarzen Punkt aus einrollen. Wenn die Tüte fertig ist, schiebt man die Hand unbemerkt zwischen die offenen Ecken (eine hat den Kreis), um freien Raum zu schaffen. Durch Zaubersprüche lassen sich die Zuschauer leicht ablenken. Jetzt steckt man verschiedene leichte und flache Gegenstände (wie Spielkarten oder Münzen) in diese geheime Tasche. Zum Schluss hält man die Tüte an den beiden offenen Ecken mit den Fingern und lässt sie los. Die Zuschauer staunen, denn die Gegenstände sind verschwunden.**

80 *In dieser Reihenfolge müssten die Kinder sprechen:*
Daniel – Lea – Tim – Anne

81 Das Spiel **Verrückte Alphabete** ist für zwei oder mehrere Personen geeignet. Man braucht dazu Papier und **Stift. Zuerst muss man die Buchstaben des Abc (ohne c, j, q, x und y) auf einen Block untereinander schreiben! Dann einigt man sich, zu welchem Thema man Wörter suchen will, also z.B. für ein Städte-Abc oder ein Schimpfwörter-Abc usw. Auf Los! muss man dann zu jedem Buchstaben ein Wort zum vereinbarten Thema aufschreiben. Wer fertig ist, ruft Halt!**
Sieger ist, wer die meisten Wörter gefunden hat.

38 Welche der folgenden vier **Reizwörtergruppen** würde am besten zur **Bildergeschichte** auf Seite 38 passen?

1) Schwimmbad – springen – Mädchen
2) Bauchplatscher – Sportstunde – Schule
3) Sprungbrett – Angeber – Bauchplatscher
4) angeben – Sprungbrett – Sommer

39 Sieh dir noch einmal die Bildergeschichte auf Seite 38 an! Was könnten die Kinder sagen? Überlege, was in die Sprechblasen gehört!

- Was könnte **Dominik** auf **Bild 1** sagen?
- Was könnte **Dominik** auf **Bild 2** sagen, was **Isabelle**?
- Was könnte **Isabelle** auf **Bild 4** sagen?

40 Wenn du Lust hast, kannst du jetzt die Geschichte in dein **Geschichtenheft** schreiben! Beginne wie auf Seite 38:

Nadine ist vom Sprungbrett ins Wasser gesprungen...

Kennzeichne zuletzt, wo der **Höhepunkt** ist!

Wer eine **Reizwortgeschichte** schreibt, muss sich stets überlegen:

- **Wie** fängt die Geschichte an?
- **Was** passiert? An welcher Stelle ist die Geschichte am spannendsten? (**Höhepunkt**)
- **Wie** hört die Geschichte auf?

Aus den grün umrandeten Bildern könntest du folgende **Reizwortgeschichte** machen: *Igel – Holzhaus – Gespenst.*

41 S t e l l e aus den restlichen Bildern zwei (oder mehr) Reizwortgeschichten z u s a m m e n! M a l e diese Bilder jeweils in gleicher Farbe a n!

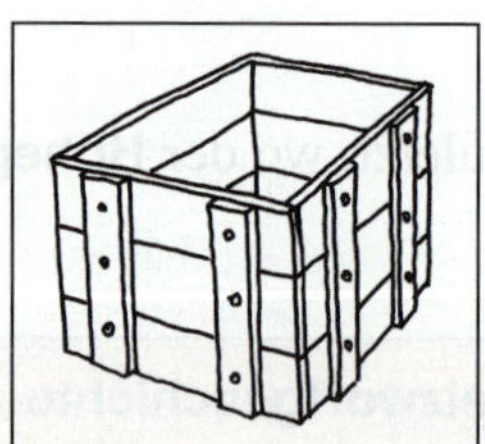

42 Wer Lust hat, kann eine dieser Geschichten ins **Geschichtenheft** s c h r e i b e n!

Nun eine Aufgabe, die Spaß macht.
Hier siehst du **acht Wildtiere** aus unserer Heimat. (Natürlich ist auch der Igel aus unserer Reizwortgeschichte dabei.)

Von diesem Tier bitte die Mehrzahl!

43 S e t z e die Namen der Tiere richtig in das Kreuzworträtsel unten e i n (waagerecht oder senkrecht).
Als **Lösungswort** kannst du ein Tier finden, das es bei uns nicht gibt. (Es ist oben auch nicht gezeichnet.)

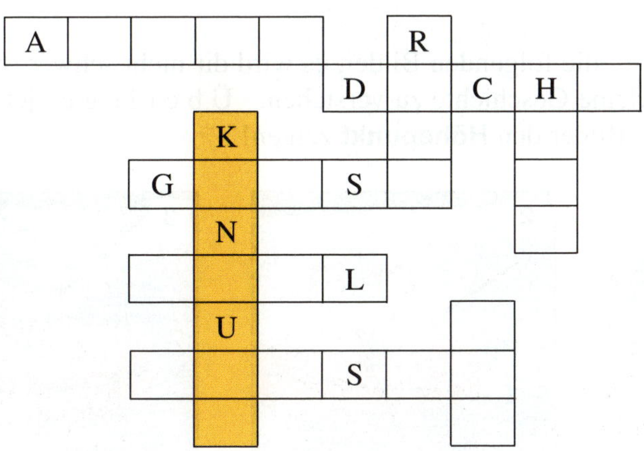

Hier ist **Fantasie** gefragt: **Geschichten ergänzen**

44 S c h r e i b e a u f , was deiner Meinung nach Fantasie sein könnte! (Oder ist Fantasie für dich auch ein „Geheimnis"?)

B e t r a c h t e die folgenden Bilder, es wird dir nicht schwer fallen, diese kleine Geschichte zu verstehen. Ü b e r l e g e jetzt schon, welche Bilder den **Höhepunkt** zeigen!

Sicher hast du dir die Bilder genau angesehen, und es wird dir aufgefallen sein, dass der **Gesichtsausdruck** der Kinder (ich nenne sie Manuel und Bettina) nicht immer gleich ist. Du kannst ja noch einmal hinsehen, ehe du die folgende Aufgabe bearbeitest.

45 B e a n t w o r t e jetzt die folgenden Fragen, indem du die **Nummer** des jeweiligen Bildes (es können auch **mehrere** sein) hinter das passende **Eigenschaftswort** (Adjektiv) schreibst.
S c h r e i b e a u f , wo der **Höhepunkt** liegt!

Auf welchem Bild ist ein Kind:

fröhlich ( ) *erschrocken* ( )

gespannt ( ) *stolz* ( )

---

46 V e r b i n d e bei der nächsten Aufgabe die **nebeneinander** stehenden Sätze entweder mit *weil* oder mit *dass.*
Manchmal musst du die Sätze auch **vertauschen**.

Bettina ist fröhlich. Sie hat einen Fisch gefangen.
Ein Fisch hat angebissen. Manuel freut sich.
Bettina ist erschrocken. Manuel hat ein Stück vom Boot herausgerissen.
Das Boot verliert Luft. Die Kinder sind ratlos.

S c h r e i b e so: *Bettina ist fröhlich, weil sie ...*

Das **letzte Bild** der Geschichte fehlt.

47 Überlege, **wie** die Geschichte **enden** könnte.
Zeichne das **letzte Bild** (es können auch mehrere sein) in dein Geschichtenheft.
Erst **danach** vergleiche bitte mit den Lösungen!

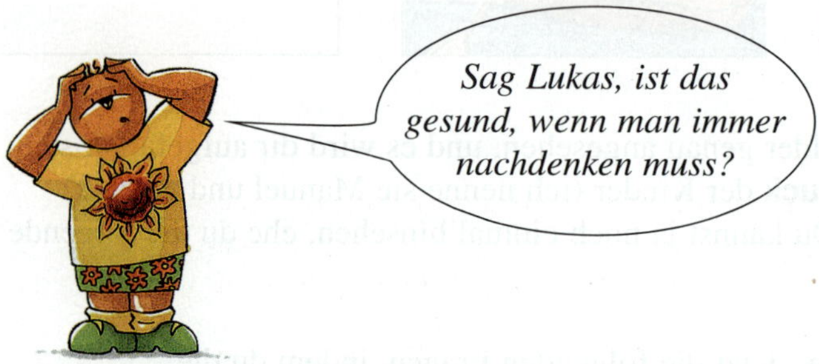

Vielleicht solltest du an dieser Stelle eine Pause einlegen!

---

48 Schreibe jetzt den Schluss der Geschichte ins **Geschichtenheft**. Verwende die 1. Vergangenheit!
Wer Lust und Zeit hat, schreibt die **ganze** Geschichte auf!

Was hältst du von Lisas Vorschlägen?

49 S u c h e die **drei** besten Überschriften a u s !

1) Das Loch (Überschrift von Lisa)
2) Gerade noch einmal gut gegangen
3) Zwei Kinder angeln auf dem See
4) Manuel und Bettina (Überschrift von Lisa)
5) Schiffbruch auf kleinem See
6) Bettina und Manuel retten sich selbst

50 **Entspannungsaufgabe**: S c h r e i b e von den Bildern immer die **A**nfangsbuchstaben a u f , und du kennst Lisas coolen Spruch. (Du kannst in **Großbuchstaben** schreiben.)

______ ______ ______ ______ ______

______ ______ ______ ______

______ ______ ______ ______ ______

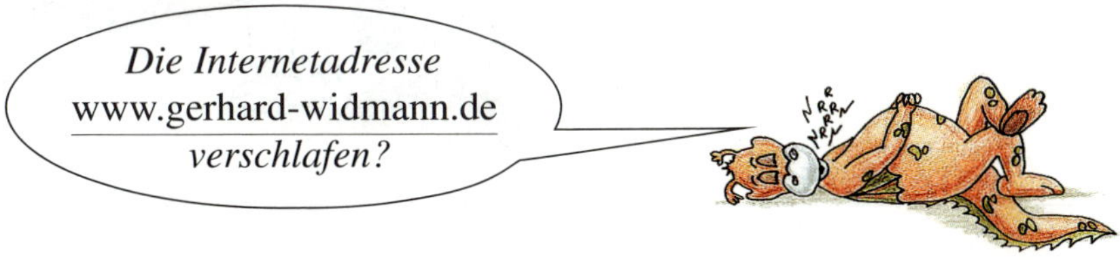

Ehe du heute mit der Arbeit beginnst, sollst du eine Aufgabe lösen, die dir hilft, dich zu konzentrieren.

✎ 51 **Konzentrationsaufgabe**: S i e h dir kurz (!) die **Kreise** in der **Mitte** a n ! Welcher ist größer, der **linke** oder der **rechte**?

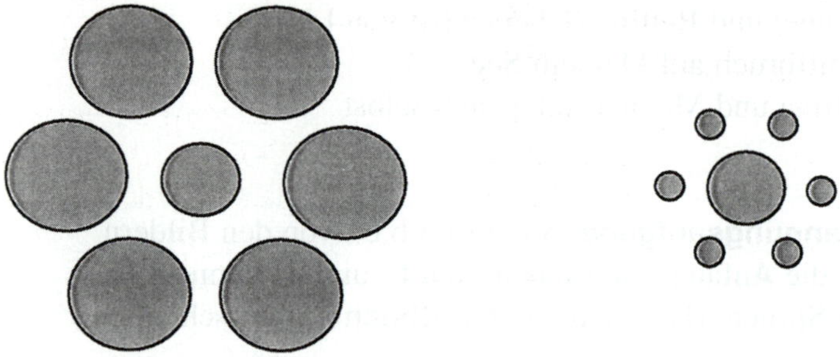

Nun versuche dich zu konzentrieren: W e h r e dich so lange gegen die optische Täuschung, bis es dir gelingt, die beiden Kreise **gleich groß** zu sehen. (Diese Aufgabe kannst du öfter wiederholen!)

Das **Bild rechts** zeigt dir eine Geschichte, wie sie öfter vorkommt.

✎ 52 S i e h das Bild a n ; ü b e r l e g e , was passiert sein könnte. Es gibt natürlich **mehrere Möglichkeiten**. S c h r e i b e **kurz** in **Stichworten** a u f , was dir dazu einfällt.

Jetzt sollten wir uns für **eine Lösung** entscheiden. Ich schlage vor: Das Mädchen (nennen wir sie Tanja) findet seine Mutter nicht mehr.

Die Erzählung gliedert sich in **drei Teile**:

1. Das hat sich **vorher** ereignet:	**2.** Das **Bild** zeigt, was **jetzt** passiert:	**3.** Das könnte **später** geschehen:
Beim Einkaufen haben sich Tanja und ihre Mutter aus den Augen verloren.	Nun weint Tanja und die Leute werden auf sie aufmerksam.	Es wird erzählt, wie Tanja und ihre Mutter sich wieder finden.

Diesmal sollst du die Geschichte etwas anders erzählen. Damit du das schaffst, musst du versuchen, dich in Tanja **hineinzudenken**, dich in ihre Lage zu versetzen. Stell dir vor, **du** wärst Tanja. Was wird sie **fühlen** oder **denken**?

53 Tanja läuft durch das Kaufhaus und sucht ihre Mutter. Welche der folgenden Gedanken könnten ihr durch den Kopf gehen? S c h r e i b e nur die **Nummern** a u f !

54 S c h r e i b e jetzt die Geschichte in der **Ichform** a u f !
E r z ä h l e in der 1. Vergangenheit und b e g i n n e so:

*Einmal war **ich** mit meiner Mutter im Kaufhaus. **Ich** bekam ein Sommerkleid und war glücklich. Anschließend ging Mama in die Lebensmittelabteilung und **ich** durfte bei den Spielwaren bleiben. „Warte hier, bis ich dich abhole“, sagte Mama ...*

Wer eine **Geschichte erzählt**,

- braucht **Fantasie** und
- soll schreiben, was die Personen **fühlen** und **denken**.

S u c h e , ehe du für heute aufhörst, den Weg zum *kleinen* Drachen.

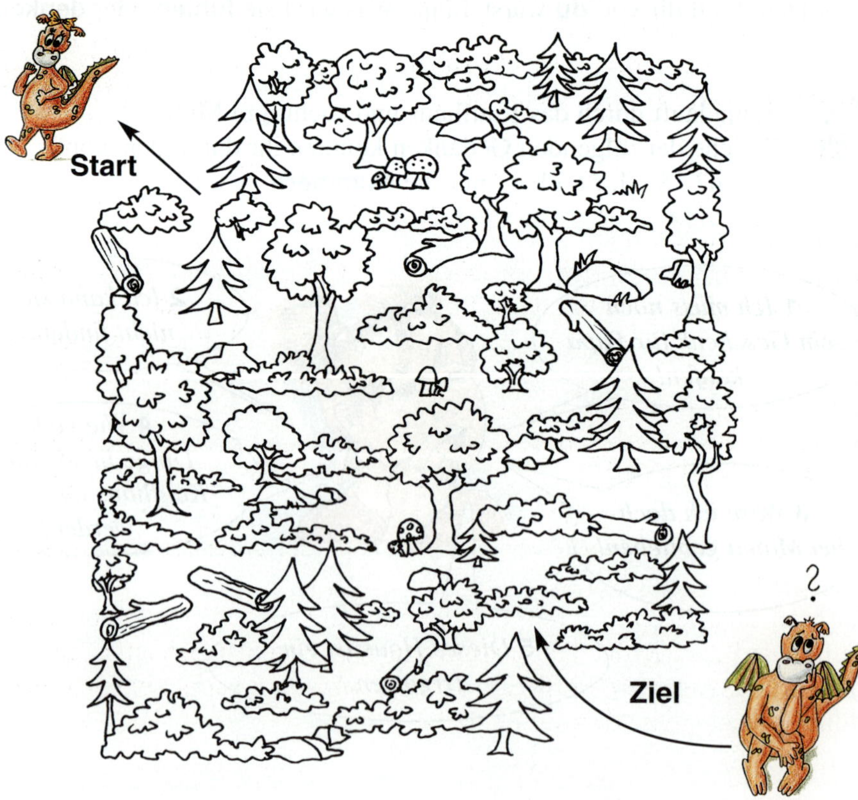

Geschichten erfinden oder **Lügen erlaubt**

Manche Leute erzählen (schöne) Geschichten, in denen kein Wort wahr ist. Einer, der solche Geschichten erfunden hat, ist *Gottfried August Bürger*. In seinen Erzählungen nennt er sich *Münchhausen*. Kennst du seine Geschichte vom *Pferd an der Kirchturmspitze*? Ich will sie dir erzählen.

Münchhausen reiste einmal mitten im Winter nach Russland, wo es, wie du sicher weißt, sehr kalt ist und viel Schnee gibt. Natürlich reiste er nicht, wie wir heute, mit dem Auto oder mit dem Flugzeug, sondern auf dem Pferd. Eines Tages ritt er so lange, bis es Nacht geworden war. Alles war tief verschneit, kein Dorf war zu sehen, und schließlich wusste unser Reiter nicht mehr, wo es weiterging. Da stieg er vom Pferd, band es an einen spitzen Pfahl, der aus dem Boden ragte, wickelte sich in warme Decken und legte sich (nicht ohne seine Pistolen!) etwas seitwärts in den Schnee, um zu schlafen.
Als er am nächsten Morgen erwachte, staunte er nicht wenig, denn er lag mitten in einem Dorf auf dem Friedhof. Das Pferd war verschwunden, bis Münchhausen plötzlich über sich ein Wiehern hörte. Er blickte empor und – sah das Pferd, angebunden am Wetterhahn, auf dem Kirchturm hängen. Er staunte nicht schlecht. Was war passiert?
Das ist einfach zu erklären. Das Dorf war am Abend zuvor völlig zugeschneit gewesen. Über Nacht hatte es getaut, und Münchhausen war im Schlaf unbemerkt immer tiefer zur Erde gesunken. Was er in der Dunkelheit für einen Weidepfahl gehalten hatte, war in Wirklichkeit der Wetterhahn, deshalb hing sein Pferd nun da oben.
Für Münchhausen eine einfache Sache. Er nahm eine Pistole, schoss nach dem Halfter, und das Tier landete sanft in einem großen Schneehaufen, den Münchhausen aus dem restlichen Schnee aufgetürmt hatte. Sogleich setzte Münchhausen guten Mutes seine Reise fort.

Auch Lügen will „gelernt“ sein. Versuche eine Lügengeschichte wie *Münchhausen* zu erfinden!

Wie das geht? Stell dir vor, du kommst eines Morgens **zu spät** zur **Schule**, und dein Lehrer möchte den **Grund** dafür wissen. Normalerweise soll man ja nicht lügen, aber diesmal darfst du zur „Übung“ lügen, dass sich die Balken biegen.

55 E r f i n d e eine Ausrede für dein Zuspätkommen, die so gelogen ist, dass deine Mitschüler herzlich lachen müssen.
Wenn du lange nachgedacht hast und dir trotzdem nichts einfällt, kannst du bei **Aufgabe 56** weitermachen.

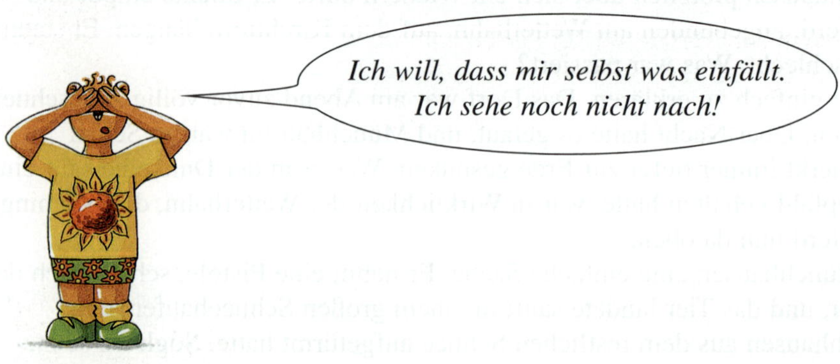

56 Wenn du keine **Lügengeschichte** erfunden hast, kannst du eine dieser **Stichwortgeschichten** a u s a r b e i t e n.

- Wintertag – Bus hat Panne – noch weiter Weg zur Schule – Begegnung mit großem kräftigem Hund – Schlitten holen

Als ich aufstand, sah ich, dass es über Nacht geschneit hatte ...

- Schulweg führt durch Wald – von Indianern überfallen – Marterpfahl – schönes Lied gesungen – Friedenspfeife

Wie immer bei schönem Wetter fuhr ich mit dem Rad zur Schule ...

Bei der **Fantasiegeschichte** sind **wichtige Regeln** zu beachten:

1) Für **Fantasiegeschichten** braucht man **Ideen**. Man schreibt sie zuerst alle auf und wählt dann die **beste** aus.
2) Denke über jede Fantasieaufgabe **gut** nach:
   → Füge bei der Reizwortgeschichte jedes vorgegebene **Reizwort** gut in die Handlung ein.
   → Ergänze die Geschichten durch einen **passenden Schluss**.
   → Wenn du eine Geschichte erfindest, dann erzähle nur von **einem** Einfall.
3) **Plane** den Verlauf deiner Geschichte: Wo ist sie **spannend**, wo soll sie **enden**?

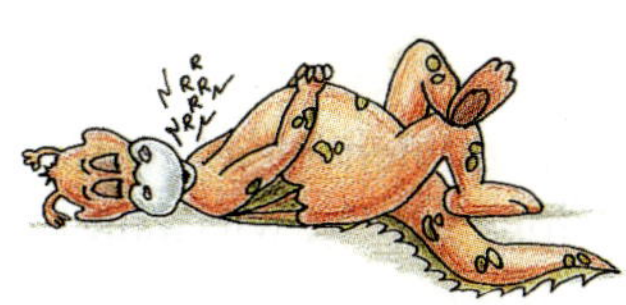

Sachtexte schreiben

Einen **Weg beschreiben:** Lea besucht Anne

Lea ist neu in der 3 b und sitzt neben Anne. Anne mag Lea, weil sie lustig ist und Tierärztin werden möchte wie sie. Heute lädt sie Lea zu sich ein. Die beiden Mädchen wollen Barbiekostüme tauschen.
Die Zeichnung auf der nächsten Seite zeigt dir, wo Lea und Anne wohnen: Lea im Haus Lindenweg 3 und Anne im Amselweg 12.

Lea war noch nie bei Anne. Deshalb schreibt Anne auf einen Zettel, wie sie zu ihrer Wohnung kommt:

> Hallo, Lea!
> Es ist gar nicht schwer, unser Haus zu finden.
> Du fährst entweder die Hauptstraße oder die Mozartstraße entlang. Ich wohne gleich im ersten Haus. Einfach läuten, und schon mache ich dir auf.
> Anne

Würdest du Annes Wohnung finden?

Ehe du den Weg (hoffentlich besser) beschreiben wirst, will ich dir ein paar Tipps geben, wie man das macht.

BÄCKEREI
LORTZINGSTRASSE
POLIZEI
10
12
AMSELWEG
FALKENWEG
EISCAFÉ
VENEZIA
FÄRBERGASSE
EULENWEG
MOZARTSTRASSE
HAUPTSTRASSE
Mc Donald's
Blumen
Dr. Hasenfuß
1
3
LEIPZIGER PLATZ
HOTEL
H
LINDENWEG

57 S e t z e jedes der folgenden Wörter richtig in die Sätze e i n , die neben den Bildern stehen!
Die Pfeile helfen dir dabei.

überqueren – vorbeifahren – entlangfahren – einbiegen

Bei der Fußgängerampel in den Falkenweg

______________________________.

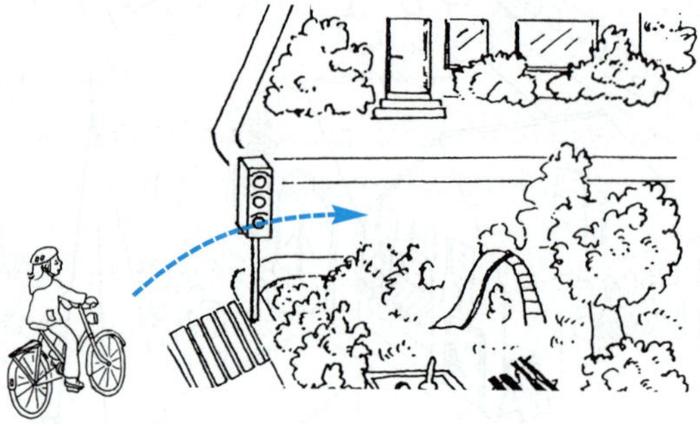

An der Bäckerei

______________________________.

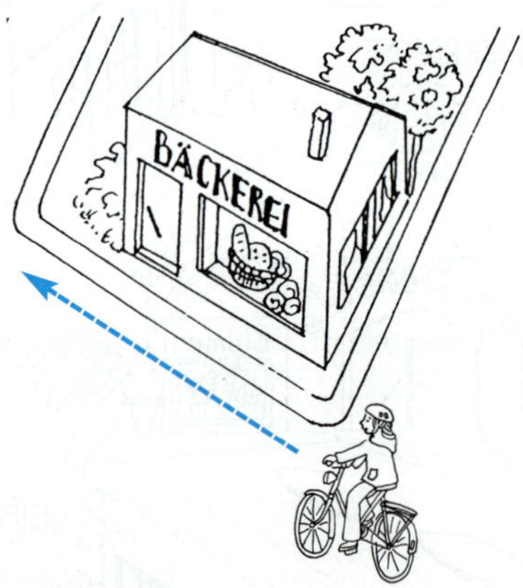

Den Leipziger Platz

______________________________.

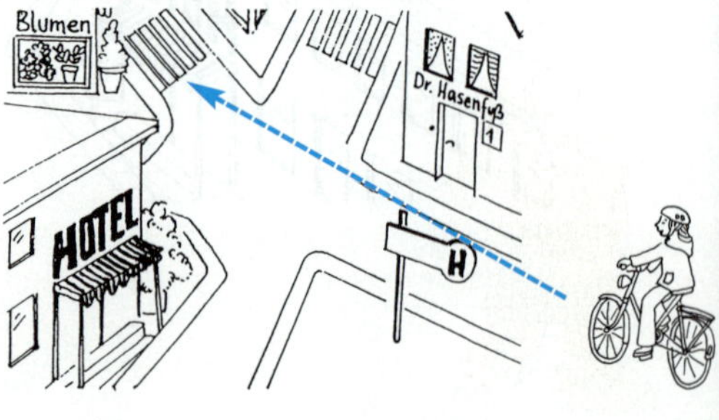

Am Spielplatz

____________________________.

Wer einen Weg beschreibt, braucht **wichtige Wörter**, zum Beispiel: *geradeaus*, *daneben*, *hinter*, *vor*, *nach* usw.

✎ **58** Kannst du jetzt Annes **Wegbeschreibung** von Seite 52 verbessern? Nimm an, Lea fährt auf der Hauptstraße.

Zum Schluss noch eine Übungsaufgabe.

✎ **59** Beschreibe den Weg, auf dem **Anne** zu Lea kommt. Sie fährt dabei durch die **Mozartstraße**.

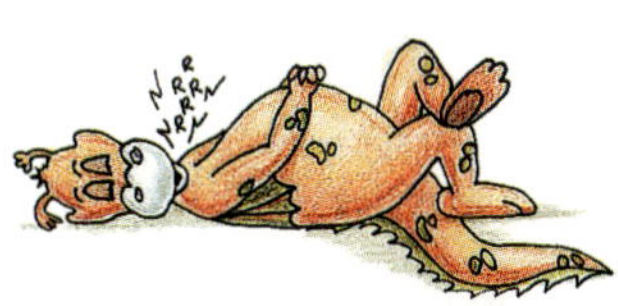

Einen **Gegenstand beschreiben**: Tim hat seine Uhr verloren

Die Sportstunde ist für Tim die schönste Stunde der Woche. Vor allem, wenn man zum Schluss noch ein wenig Fußball spielen darf. (Was leider selten der Fall ist.) Hinterher gibt es viel zu reden, viel zu streiten. Und selbst auf dem Weg zum Klassenzimmer ist noch immer nicht klar, warum Tim den Ball nicht ins Tor bekommen hat. Das ist wohl der Grund, weshalb Tim erst zu Hause merkt, dass er keine Uhr mehr am Handgelenk hat.

Am nächsten Tag fragt Tim seine Mitschüler: „Habt ihr meine Uhr gesehen? Sie ist blau und rund.“ Natürlich können seine Mitschüler mit dieser **Beschreibung** wenig anfangen. Tims Eltern helfen, eine Beschreibung für das schwarze Brett anzufertigen.

Uhr verloren

Wer hat meine Uhr gefunden? Sie hat ein blaues Zifferblatt mit gelben Ziffern. Das runde Gehäuse hat etwa 3 cm Durchmesser und ist wie das Armband aus Metall. Marke: Mary.
Auf der Unterseite des Gehäuses sieht man eine deutliche Schramme.

Tim Schmidpeter, 3 b

60 Die fehlenden Angaben findest du in Tims Beschreibung auf der vorhergehenden Seite !

Farbe	
Form	
Material	
Marke	
Besondere Kennzeichen	
Größe	

Der Hausmeister hat in den Umkleidekabinen noch mehrere Gegenstände gefunden, zum Beispiel diesen Pullover:

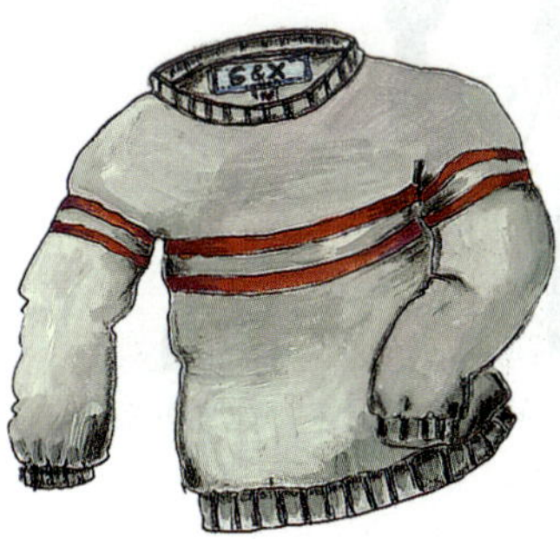

Hier siehst du eine Vergrößerung des Etiketts vom linken Bild.

61 T r a g e die **Merkmale** des Pullovers in die Tabelle auf der **nächsten Seite** e i n !
Marke, **Material** und **Größe** kannst du dem **Etikett** entnehmen.

Grundfarbe	
Muster	
Besondere Kennzeichen	
Marke	
Material	
Größe	

(Eine kleine Pause könnte dir jetzt gut tun.)

Nehmen wir einmal an, der Pullover auf Seite 57 sei deiner, und du hättest ihn in der Schule vergessen. Was würdest du tun? Vielleicht würde deine Mutter sagen: „Ruf den Hausmeister an!“ Der Hausmeister würde sagen: „Ich habe **fünf** Pullover in meiner Fundkiste.“ Um herauszufinden, ob deiner dabei ist, wird er dir Fragen stellen.

62 Wonach wird der Hausmeister wohl zuerst fragen: nach der **Marke**, nach der **Farbe** oder nach der **Größe**?

In dieser Tabelle siehst du die **Kurzbeschreibung** der **fünf Pullover**, die der Hausmeister in der Fundkiste hat.

	Pullover 1	**Pullover 2**	**Pullover 3**	**Pullover 4**	**Pullover 5**
Grundfarbe	grau	blau	grau	rot	grau
Muster	rote Streifen	Blumen	rote Streifen	rote Streifen	rote Streifen
Form	lang/weit	kurz/weit	kurz/schmal	kurz/schmal	lang/weit
Kennzeichen	keine	Armschoner	keine	keine	keine
Marke	S&X	Moon	Zero	keine	S&X
Material	Baumwolle	Baumwolle	Acryl	Seide	Baumwolle
Größe	158	S	164	176	164

✎ **63** K r e u z e nun **unten** in jeder Zeile a n, was von der **Tabelle oben** auf „deinen" **Pullover von Seite 57** zutrifft. Die Spalte mit **sieben** Kreuzen ist dann dieser Pullover.

	1	**2**	**3**	**4**	**5**
Farbe	X		X		X
Muster					
Form					
Kennzeichen					
Marke					
Material					
Größe					

Wer **Gegenstände** beschreibt, braucht die **richtigen Eigenschaftswörter** (Adjektive):

✎ **64** S c h r e i b e jeweils das **Gegenteil** a u f !

lang – *kurz* spitz – dick – schmal – hart –	neu – schön – süß – traurig – teuer –	groß – schwarz – leicht – rund – heiß –

65 Wenn du es dir zutraust, dann beschreibe jetzt diese Schultasche. Wenn dir diese Aufgabe noch zu schwer ist, dann löse die leichtere Nummer 66.

66 In der folgenden Suchanzeige haben sich Fehler versteckt. Finde sie heraus und verbessere sie dann.

Schultasche verloren
Wer hat meine Schultasche gesehen? Sie ist grün, das Seitenfach und die Verschlussklappe sind blau. Die Form der Tasche ist dreieckig. Sie hat die normale Größe für Grundschulkinder. Sie hat zwei lilafarbene Strahler, am Reißverschluss ist ein kleiner Delfin befestigt. Meine Schultasche ist aus Stroh hergestellt. Am Seitenfach ist die Marke Goldhamster aufgedruckt.

Rätselspiele mit Tim, Anne, Lea und Daniel

Mit dem ersten Rätsel kann man seine Aufmerksamkeit üben:

67 Auf den Zeichnungen siehst du einen *Apfel* und ein *Amselmännchen.* Darunter stehen die **Merkmale** eines *Apfels* und einer *Amsel.* Jeweils **zwei** dieser Merkmale sind falsch, und die sollst du a n s t r e i c h e n .

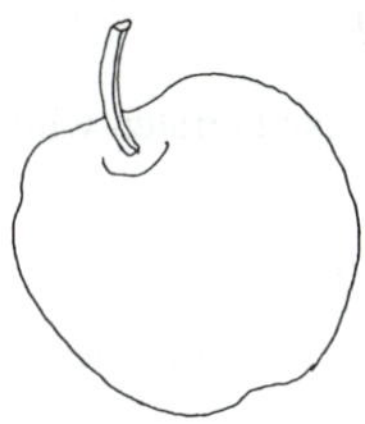

essbar, süß, saftig,
giftig, rot, klebrig,
rund, gesund

schwarz, neu,
gelb, flink,
gefiedert, teuer

Die nächste Aufgabe ist ein Rätsel. Dabei sollen die Mitspieler einen Gegenstand erraten.

S u c h e dir **zwei** oder **drei** der **Gegenstände** auf dieser oder der nächsten Seite für dein **Rätsel** a u s .
(Wie es gespielt wird, werde ich dir anschließend erklären.)

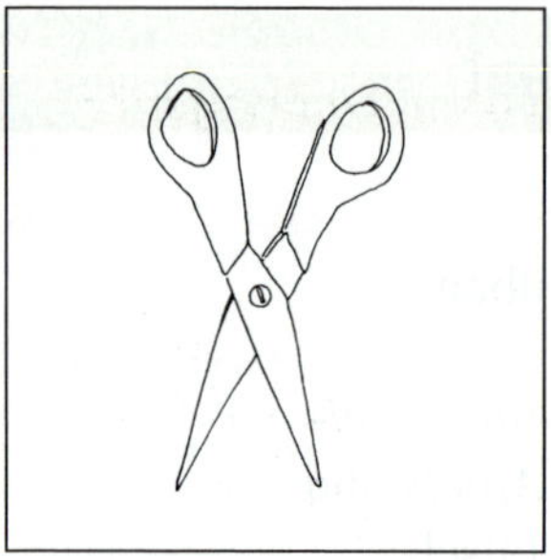 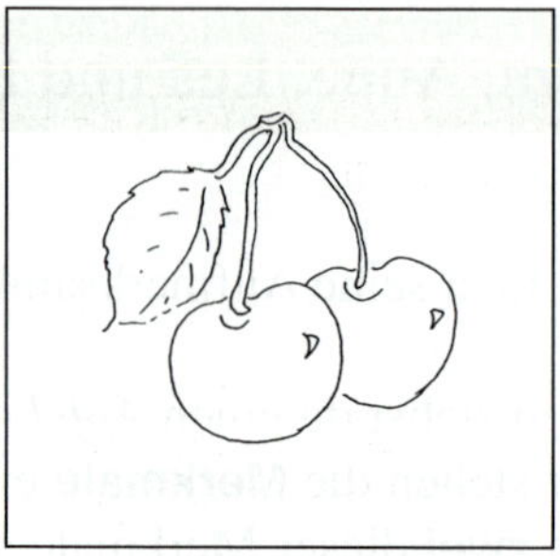 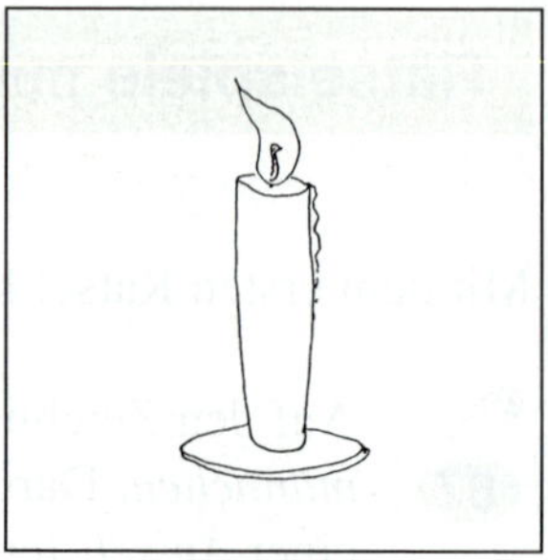

So kannst du deinem Mitspieler das Rätsel darbieten:

Mein Gegenstand ist schwarz-weiß und rund.

(Jetzt machst du eine Pause und wartest, ob der Gegenstand erraten wird.)

Er ist aus Leder, innen hohl und mit Luft gefüllt.

(Noch mal eine Pause, falls dein Gegenstand noch immer nicht erraten wurde.)

Er kann rollen.

✎ **68** A r b e i t e jetzt die restlichen Bilder-Rätsel **schriftlich** (oder auch **mündlich**) a u s .

Hier findest du Wörter, die du für Aufgabe 68 brauchst:

Mein Gegenstand ist	essbar, klein, *schwarz-weiß*, länglich, praktisch, weiß, *rund*, lecker, zerbrechlich, scharf, gesund, rot, süß, spitz, glänzend, *hohl*, dreieckig, saftig, klein, schmal, *mit Luft gefüllt*, beweglich
Mein Gegenstand ist aus	Holz, *Leder*, Metall, Porzellan, Wachs, Fruchtfleisch, Kunststoff
Mein Gegenstand hat	drei Ecken, einen Kern, Löcher, einen Stiel, einen Henkel, einen Docht
Mein Gegenstand kann	Töne von sich geben, *rollen*, schneiden, schmelzen, in der Dunkelheit leuchten, mit Flüssigkeit gefüllt werden, etwas schneiden

Noch ein **Ratespiel**.
Jedes Kind auf der Zeichnung hat eine **Lieblingsfarbe** und ein **Lieblingstier**.
(Welche, wissen wir natürlich noch nicht.)

Anna	**Tim**	**Susanne**
rot	**blau**	**rosa**

69 L i e s die folgenden drei Sätze gut d u r c h , dann weißt du, welches **Tier** und welche **Farbe** Anna, Tim und Susanne **am liebsten** haben.

1. Tim mag **alle** Tiere, aber am liebsten solche, die auf **Bäumen** leben.
2. Das Kind, das **Schweine nicht** mag, liebt **Blau**.
3. Susanne mag **Rosa**.

Einen **Vorgang beschreiben**: Lea kocht selbst zu ihrem Geburtstag

Zu ihrem 9. Geburtstag hat Lea ein schönes Buch bekommen. Es heißt *Kochbuch für Kinder*, denn Lea kocht leidenschaftlich gern. Gefeiert wird erst am Sonntag und Lea lädt fünf Kinder ein. Sie will zwei Rezepte aus dem neuen Buch ausprobieren. Besonders angetan hat es ihr ein Gericht, das *Fliegenpilz* heißt. Dazu braucht sie erst einmal hart gekochte Eier. Lea legt sich die Zutaten und Geräte zurecht.

Zutaten: frische Eier
Geräte: Topf – Topflappen – Eieruhr

S i e h dir die Bilder auf dieser und auf der nächsten Seite erst einmal genau a n.

(Kinder, die schon wissen, wie man Eier kocht, sollen sich bitte nicht langweilen. Sie sollen sich denken, sie beschreiben den Vorgang für Kinder, die es noch nicht wissen.)

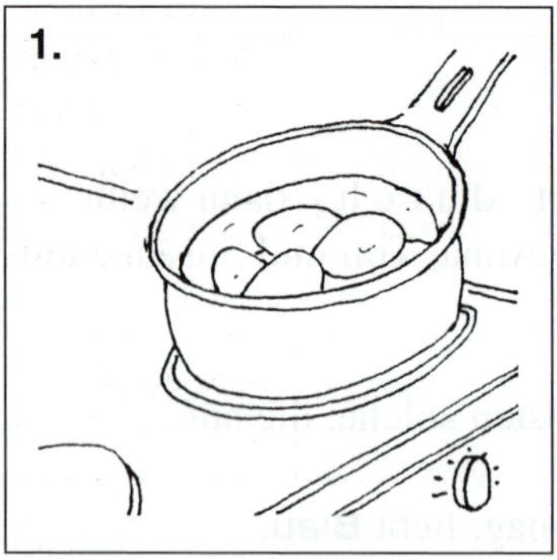

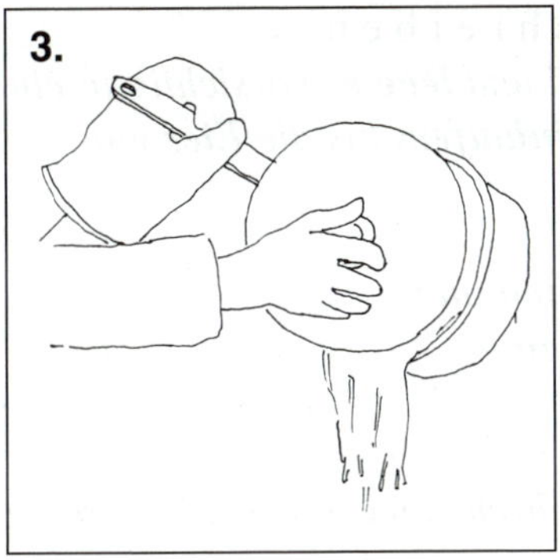

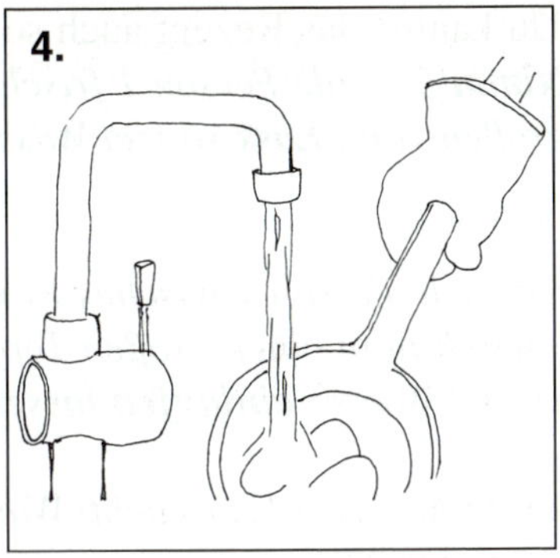

70 Schreibe jetzt in dein Geschichtenheft, wie man Eier kocht.
Beginne mit den **Zutaten** und **Geräten**, die du brauchst (Seite 64).
Dann kannst du so weiterschreiben:

***Man nimmt** für jede Person 1 frisches Ei. Die Eier **legt man** vorsichtig in einen großen Topf und **lässt** so viel Wasser **einlaufen**, bis sie gut ...*

Diese **Stichwörter** können dir bei deiner Arbeit helfen:

1.	für jede Person 1 frisches Ei – großer Topf – Wasser (Eier bedeckt)	*nehmen, legen, einlaufen lassen*
2.	Topf ohne Deckel auf Herd – Eieruhr – (Kochzeit: 6 bis 8 Minuten für harte Eier)	*stellen, zum Kochen bringen, Eieruhr einstellen*
3.	Deckel auf Kochtopf – Topflappen – heißes Wasser	*festhalten, abgießen*
4.	kaltes Wasser	*abschrecken, von der Schale lösen*

71 Du kannst das Rezept auch so s c h r e i b e n :

***Nimm** für jede Person 1 frisches Ei und **lege** es vorsichtig in einen großen Topf. **Lass** so viel Wasser **einlaufen**, bis die Eier gut ...*

oder so:

*Für jede Person 1 frisches Ei **nehmen** und*
*vorsichtig in einen großen Topf **legen** –*
*so viel Wasser **einlaufen lassen** ...*

Jetzt weißt du, wie Lea Eier kocht. Wie sie ihren Fliegenpilz zubereitet, erfährst du beim nächsten Mal.

Ob du zum Schluss noch eine Gedächtnisleistung schaffst?
S i e h dir diese Windradfigur etwa 20 Sekunden a n , dann schließe das Heft und z e i c h n e sie n a c h .

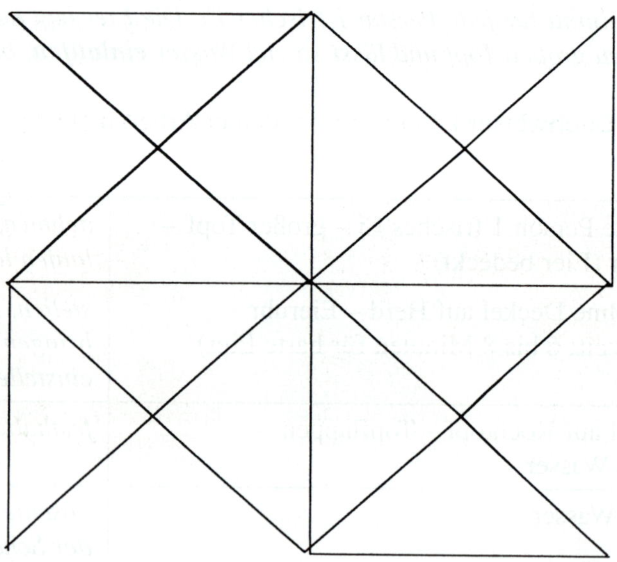

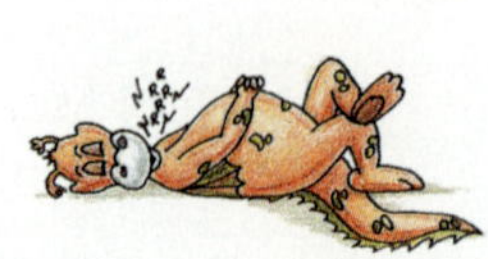

Heute wirst du erfahren, wie Lea ihren *Fliegenpilz* zubereitet.

Zutaten: feste Tomaten – hart gekochte und geschälte Eier – Majonäse in der Tube – Salatblätter

Geräte: Teelöffel – Tomatenmesser – Küchenmesser

S i e h dir die Bilder wieder genau a n !

1. *Kappe abschneiden, aushöhlen*

2. *Spitze abschneiden*

3. *Tomatenhälfte überstülpen*

4. *Majonäse auftupfen*

Kannst du jetzt das Rezept aufschreiben?

72 S c h r e i b e so:

1. Bild: Man wäscht zuerst die Tomaten und trocknet sie ab. Dann schneidet man von jeder Tomate mit dem ...

✎ Auch so kannst du s c h r e i b e n:

73 *Tomaten* ***waschen*** *und* ***abtrocknen*** *– von jeder Tomate eine kleine Kappe* ***abschneiden*** *– ...*

Probier das Rezept doch einmal aus!

Natürlich will Lea ihren Gästen auch eine leckere Nachspeise servieren. Hier ist das Rezept *Leckere Quarkspeise*:

Zutaten: $^{1}/_{4}$ l Sahne – 1 Beutel Sahnesteif – 400 g Magerquark – 2 Esslöffel Zucker – 2 gehäufte Esslöffel bittere Orangenmarmelade – $^{1}/_{2}$ Zitrone
Geräte: Rührgerät – zwei Schüsseln – Messer – Esslöffel

74 S c h r e i b e das Rezept mit Hilfe der Bilder a u f !
Zuerst schlägt man die Sahne mit Sahnesteif und ...

1. *steif schlagen*

2. *verrühren*

3. *vermengen*

4. *verzieren*

Wer gut üben will, s c h r e i b t auch noch so:

75 *Sahne mit Sahnesteif und 1 Esslöffel Zucker steif schlagen – in Schüssel abgetropften Magerquark mit ...*

So schreibt man **Kochrezepte**:

- Zuerst notiert man, welche **Zutaten** und **Geräte** man für das Gericht braucht.
- Nun folgt das eigentliche Rezept.
  Es lässt sich auf **drei Arten** darstellen:
  1. ***Man wäscht*** *zuerst die Tomaten und* ***trocknet*** *sie ab ...*
  2. ***Wasche*** *zuerst die Tomaten und* ***trockne*** *sie ab ...*
  3. *Zuerst die Tomaten* ***waschen*** *und* ***abtrocknen*** *– von jeder Tomate ...*

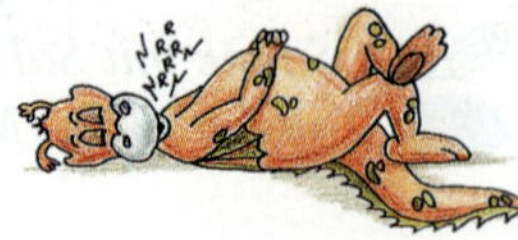

Eine **Anleitung** zum **Basteln** und **Zaubern**

Tim führt bei Leas Geburtstag den Zaubertrick *Die geheimnisvolle Zaubertüte* vor. Natürlich verrät Tim den Trick nicht (das dürfen Zauberer nämlich nie).

Auf diesen Bildern s i e h s t du das kleine Kunststück, das Tim den staunenden Kindern vorführt.

1.

2.

3.

Jetzt möchtest du natürlich wissen, wie der Trick funktioniert. Ich verrate ihn dir ausnahmsweise, denn ich denke, du willst einmal ein Zauberer werden. Aber ehe du ihn vorführst, heißt es *üben*, *üben*, *üben*, und zwar am besten vor dem Spiegel.
Wenn du ganz sicher bist, kannst du vor ein Publikum treten. Achte darauf, dass die Zuschauer etwas entfernt von dir auf Stühlen sitzen.

Für die Herstellung der Zaubertüte brauchst du

- zwei große Blätter einer Tageszeitung (etwa 40 cm x 50 cm)
- Klebestift
- Bleistift
- Flache Gegenstände (Spielkarten etc., Münzen, Ringe, Seidentücher)

Hier siehst du, wie die Zeitung vorbereitet werden muss.

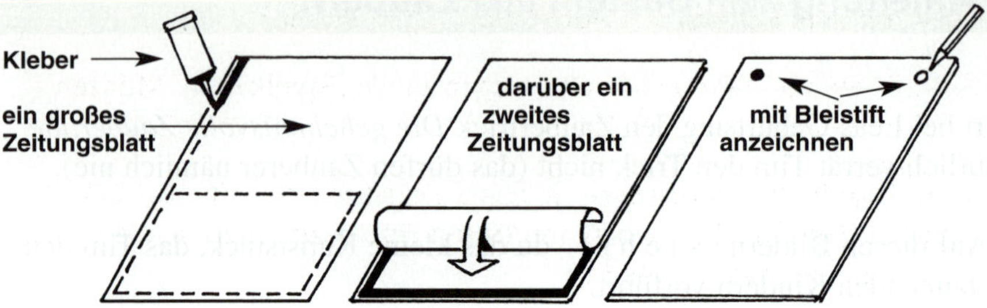

✎ **76** Was du auf der Zeichnung siehst, wird jetzt noch einmal in **drei** Sätzen **beschrieben**, die aber durcheinander geraten sind. N u m m e r i e r e deshalb in der **richtigen Reihenfolge**!

☐ eine andere, **gleich große** Zeitungsseite darüber legen und an den Klebestellen gut festdrücken

☐ an der **offenen** Ecke mit Bleistift einen **kleinen Kreis** zeichnen, an der **gegenüberliegenden** einen **kleinen Punkt**

☐ ein einwandfreies Zeitungsblatt (entsprechend den **gestrichelten Linien** auf der Zeichnung) mit Klebestift bestreichen

✎ **77** S c h r e i b e jetzt den **Bastelvorgang** so a u f , dass jeder mit Hilfe der Zeichnung die Zaubertüte anfertigen kann.

Beginne so: *Zuerst bestreicht man ein einwandfreies Zeitungsblatt entsprechend den gestrichelten L...*

Diese **Wörter** können dir helfen: *jetzt – nun – danach – anschließend – zum Schluss – zuletzt – schließlich.*

✎ **78** Nun aber zum Zaubertrick. In welcher **Reihenfolge** müssen die folgenden **vier Stichwortsätze** stehen? (Die **Bilder** auf Seite 71 können dir helfen.) T r a g e die Nummern **richtig** e i n !

☐ zuletzt Tüte an den beiden **offenen Ecken** mit den Fingern halten und loslassen (Zauberei: Gegenstände sind verschwunden)

☐ zuerst aus Zeitungsseite eine **Tüte formen**, indem das Blatt von der **Ecke** mit dem **schwarzen Punkt** aus eingerollt wird

☐ verschiedene **leichte** und **flache** Gegenstände (Spielkarten, Münzen usw.) in diese geheime Tasche stecken

☐ wenn **Tüte fertig**, unbemerkt die Hand **zwischen** die **offenen Ecken** (eine hat den Kreis) schieben, um **freien Raum** zu schaffen – Zuschauer durch Zaubersprüche ablenken

79 Schreibe jetzt den Trick für deinen Freund auf!

Beginne so: *Bei der Vorführung formt man zuerst aus der Zeitungsseite eine Tüte. Dabei muss man das Blatt von ...*

Zum **Abschluss** kannst du dich zur Entspannung selbst verzaubern.

Schau von oben konzentriert auf den Strich in der Mitte.
Nun senke deinen Kopf so lange, bis der Vogel langsam in den Käfig spaziert. (Geschafft?)

Daran gedacht: www.gerhard-widmann.de ?
Zaubern lernst du dort nicht, aber vielleicht etwas anderes.

Eine **Spielanleitung schreiben:** Anne, Lea, Caro, Tim und Daniel machen Sprachspiele

Ein düsterer Novembersonntag. Am Nachmittag treffen sich Anne, Caro, Tim und Daniel bei Lea. Der richtige Tag für ein schönes Spiel. „Aber bitte kein doofes Glücksspiel. Lieber ein Spiel, bei dem man denken muss!“, sagt Tim.
„Dann schlage ich *Verrückte Alphabete* vor“, ruft Lea.
Alle sind einverstanden, aber Caro kennt das Spiel nicht.
Jeder will es ihr erklären.

Tim: Auf *Los!* muss man zu jedem Buchstaben ein Wort zum vereinbarten Thema aufschreiben.

Anne: Wer fertig ist, ruft *Halt*!

Daniel: Als Erstes muss man die Buchstaben des Abc (ohne c, j, q, x und y) auf einen Block untereinander schreiben!

Lea: Man muss sich einigen, zu welchem Thema man Wörter suchen will, also für ein Städte-Abc oder für ein Schimpfwörter-Abc usw.

Da haben alle durcheinander geredet!

80 Überlege, in welcher **Reihenfolge** die Sätze **richtig** stehen müssen. Du brauchst nur die **Namen** der Kinder aufzuschreiben.

Lisa und Lukas haben das Spiel ausprobiert. Zuerst wollten sie das Pflanzen-Abc nehmen, dann haben sie das Mag-ich-nicht-Abc gewählt. Dies ist der Anfang ihrer Lösungen.

	Lukas	*Lisa*
A	Abfall	Autos
B	Blaulicht	Bärenfänger
D	dusselige Doofis	doofe Dussels
E	Entengeschnatter	Eile
F	Fallen	Flöhe
G	Gewehre	Gipsfüße
H	Hunde	Handygedudel
K	Käfige	Katzenmusik

81 S c h r e i b e jetzt die Spielanleitung a u f .
Die folgende Übersicht wird dir dabei helfen.

So kannst du eine Spielanleitung gliedern:

Mitspieler: *einer, zwei, mehrere*
Was man braucht: *Papier und ...*
So wird gespielt: *Als Erstes muss man die Buchstaben ...*
Sieger: *Sieger ist, wer ...*

So kannst du beginnen:
Das Spiel ***Verrückte Alphabete*** *ist für zwei oder mehrere Personen geeignet. Man braucht dazu Papier und ...*

Stichwortverzeichnis

Adressen in Briefen ... 29, 32
Bildergeschichten
– Bootsfahrt ... 42–43
– Gespenster ... 7
– Im Schwimmbad ... 38
– Spaziergang mit dem Hund ... 30
– Vor der Schule ... 22
Eigenschaftswort ... 14, 59
Entspannungsaufgaben ... 10, 25, 41, 45, 48, 63, 73
Fantasie ... 42
Ferienerlebnis ... 15
Gedächtnisübungen ... 6, 34, 66
Geschichtenheft ... 3
Höhepunkt ... 42–43
Karl-May-Spiele ... 28
Kochrezepte
– Eier ... 64–66
– Fliegenpilz ... 67–68
– Leckere Quarkspeise ... 68–69
Konzentrationsaufgabe ... 46
Mandala ... 10
Merksätze
– Briefe schreiben ... 33
– Fantasiegeschichten ... 51
– Geschichten erzählen ... 24, 48
– Kochrezepte ... 70
– Reizwortgeschichten ... 39
– Spielanleitungen ... 75
– Zeitstufen ... 23
Münchhausen ... 49–50
Schimpfeln ... 4
Stichwortgeschichten ... 51
treffende Wörter ... 18
Überschrift ... 21
1. Vergangenheit ... 14
Verrückte Alphabete ... 74–75